Nietzsche
Liberdade e Imoralismo

COLEÇÃO

Mire e Veja

Alice Medrado

Nietzsche
Liberdade e Imoralismo

KOTTER
EDITORIAL

Coordenação editorial: Sálvio Nienkötter
Editor-executivo: João Lucas Dusi
Editores-adjuntos: Daniel Osiecki e Claudecir de Oliveira Rocha
Capa: Jussara Salazar
Designer editorial: Fernando Ribeiro
Produção: Cristiane Nienkötter

Dados Internacionais de Catalogação na Publicação (CIP)
Angélica Ilacqua CRB-8/7057

Medrado, Alice
Nietzsche : liberdade e imoralismo / Alice Medrado. — Curitiba : Kotter Editorial, 2023.
208 p.

ISBN 978-65-5361-253-2

1. Filosofia alemã 2. Nietzsche, Friedrich Wilhelm, 1844-1900 I. Título

23-5646 CDD 100

Kotter Editorial Ltda.
Rua das Cerejeiras, 194
CEP 82700-510 - Curitiba - PR
www.kotter.com.br | contato@kotter.com.br

Sumário

Tudo *bom* é instinto — e, portanto, leve, necessário, livre.
Nietzsche, *Crepúsculo dos Ídolos*, VI, §2

O homem livre é não-moral.
Nietzsche, *Aurora*, §9

Introdução[1]

Nietzsche habita o imaginário popular como uma figura libertária. O primeiro contato com sua obra costuma deixar uma forte impressão sobre sua retórica enérgica e a radicalidade de sua crítica à cultura moral. Este livro dá ouvidos a essa primeira impressão, e a toma como ponto de partida para um mergulho no intrincado desenvolvimento de uma filosofia nietzschiana da liberdade, iluminando sua campanha contra a moral.

O interesse pela filosofia nietzschiana sobreviveu ao culto individualista do século 20 e parece ganhar um novo fôlego no começo do século 21, talvez devido à necessidade sentida de se elaborar formas não-morais de cultura comunitária. No campo acadêmico, sua obra continua sendo uma fonte de inspiração e desafios interpretativos, já que traz provocações e alternativas aos ideais de liberdade fundados na noção de livre-arbítrio. A radicalidade de sua crítica aos valores morais, combinada a um tipo de realismo político e uma sofisticada elaboração filosófica sobre as relações de poder — e ainda, sua insistência na possibilidade de liberdade em um mundo pós-niilista, fazem com que sua obra seja vista ora como um ponto alto da literatura filosófica ocidental, ora como um enigma e um incômodo.

Este livro parte da ideia de que o compromisso com o valor da liberdade, numa acepção própria, cumpre um papel estrutural na obra de

1. Este livro é uma versão da tese de doutorado *Liberdade e imoralismo em Nietzsche*, defendida em 2021 pelo Programa de Pós-Graduação em Filosofia da FAFICH/UFMG. Versões de alguns capítulos foram publicadas em periódicos especializados. Esta edição traz uma nova revisão do texto, além da supressão de alguns trechos excessivamente escolásticos, e reelaboração de algumas passagens que ainda pareciam imprecisas. Este livro busca apresentar os resultados da pesquisa de modo mais direto e acessível ao amplo público de leitores, pesquisadores e curiosos sobre a obra de Friedrich Nietzsche.

Nietzsche e serve como um fio condutor para a leitura de seus grandes temas. À luz da ideia de liberdade, enxerga-se melhor aquelas que consideramos questões-chave da obra: sua visão de mundo mobilista, no interior da qual a agência humana deve ser repensada e redescrita; a denúncia da "metafísica de carrasco" e o esboço de um proto abolicionismo penal; o coração de sua crítica à moral; o valor que move sua filosofia da vontade de poder; o horizonte de suas contribuições à filosofia do cultivo de si — a liberdade aparece como ponto de partida ou de chegada para cada uma dessas questões. Estas são as questões que endereçaremos, percorrendo toda a obra publicada, sempre em diálogo com a literatura acadêmica mais atualizada sobre o tema.

As incursões nietzschianas no debate sobre liberdade trazem redefinições importantes dos termos básicos com que se costuma pensar sobre o tema e antecipam posições contemporâneas. Depois de Nietzsche, foi possível reformar nossa compreensão da agência humana, e consequentemente, nossas práticas de avaliação da ação e atribuição de responsabilidade. Muito mais do que dar uma nova resposta à pergunta "como pode o humano ser livre em um mundo de não-liberdade?", o que está em jogo é explicar, primeiramente, os próprios mecanismos cognitivos e culturais que nos levaram a elaborar a questão nesses termos.

Uma resposta nietzschiana à questão da liberdade passa, portanto, pelo entendimento de que o mundo natural foi descrito como excessivamente determinístico e não-livre, enquanto o mundo moral foi excessivamente descrito como o espaço da autonomia e liberdade em sentido pleno. Uma compreensão mais sóbria e menos moralista da ideia de liberdade, portanto, exige que se corrija essa dupla distorção, readequando nossa visão da ação livre a uma visão igualmente reformada dos acontecimentos naturais. No primeiro capítulo, trataremos de como a compreensão nietzschiana da liberdade se insere numa investigação naturalista que reforma os termos básicos usados para construir nossa autoimagem enquanto agentes, e a forma como descrevemos a ação. É com essas armas que Nietzsche pretende desconstruir o discurso dominante associado à noção de livre-arbítrio, que ele identifica com uma "mitologia da liberdade".

Quanto à ontologia nietzschiana, é seguro dizer que ela ganha seus contornos finais a partir da emergência do conceito de vontade de poder, com consequências importantes para o tema da liberdade. No segundo capítulo, veremos como Nietzsche passa de uma argumentação de cunho determinista para uma visão de mundo mais sofisticada que identificamos como um tipo de "necessitarismo". Concomitantemente, ao que nos parece, o filósofo se move de uma concepção intelectualista e psicológica de liberdade, de ascendência estoica, em direção a uma acepção própria mais forte, que remete à fisiologia e se articula com o conceito de poder. À medida que, gradativamente, o poder se torna um operador central da filosofia nietzschiana, seu combate à cultura da punição parece ser subsumido pelo projeto de "transvaloração dos valores"; assim, se em *Humano* encontramos a "tese da irresponsabilidade geral do homem pelos seus atos", em *Além de Bem e Mal* encontramos um critério hierárquico de avaliação das ações, a partir das noções de "vontade forte" e "vontade fraca".

O proto abolicionismo penal do período intermediário não é contradito na obra madura, mas certamente ganha novas versões na *Genealogia da Moral*, a partir da ideia de autossupressão da moral e superação da vingança em misericórdia, ou na ideia de inocência do devir, no *Crepúsculo dos Ídolos*[2]. Enquanto desenvolve esse pano de fundo teórico, Nietzsche elabora diferentes personagens conceituais, ou diferentes figurações da liberdade. O primeiro e mais marcante deles é certamente o espírito livre. A companhia de novos personagens e conceitos — como o além-do-homem, o *amor fati*, a vontade de poder, o eterno retorno, o procedimento genealógico, o indivíduo soberano — lança, no entanto, uma nova luz sobre esse espírito livre, o que dá ensejo à questão: à parte toda crítica contra a interpretação moral, qual é, afinal, a liberdade possível para

2. Adotamos a divisão padrão da obra de Nietzsche em três períodos, identificados como período de juventude (1864-1876), intermediário (1876-1882) e de maturidade (1882-1886). Levando em consideração a cronologia das obras, nos interessa pensar como os conceitos e questões centrais pesquisados sofrem sutis ou significativas alterações ao longo de cada publicação, e por isso adotamos essa divisão por convenção, pois ela nem sempre acompanha as transformações investigadas aqui.

Nietzsche? O capítulo 3 apresenta as principais respostas que foram trazidas pela tradição de comentadores, desde aqueles que entendem que a liberdade, para Nietzsche, seria um tipo de reconciliação psicológica com o próprio destino, até aqueles que entendem a liberdade como exercício de incorporação do *insight* genealógico. É nesse capítulo que apresentamos a nossa tese de que, para Nietzsche, a liberdade não é um estado, mas uma *disposição* afetiva sustentada por um compromisso valorativo. O pouco comentado *instinto de liberdade* seria o antípoda do famoso "instinto de rebanho".

O capítulo 4 argumenta que o compromisso com o valor de liberdade é o principal motor da crítica à moral, e que tê-lo em mente favorece uma leitura mais produtiva dessa crítica. Mais especificamente, entendemos que o ideal de liberdade, diluído há séculos na cultura, marca a entrada das sociedades humanas em sua fase especificamente moral, enquanto o contra-ideal nietzschiano de liberdade pode apontar uma saída.

Por fim, o capítulo 5 endereça algumas questões que orbitam em torno do cultivo da liberdade, e que são, afinal, questões relativas ao cultivo de si. Embora tais questões estejam associadas à prazerosa companhia das filosofias do bem viver, veremos que elas trazem à tona grandes e interessantes dificuldades, referentes à natureza do Eu, à crítica da ética da felicidade, à hierarquia de impulsos e valores, à educação afetiva e à convivência política.

1. Contra a Mitologia da Liberdade[3]

A crítica à ideia de livre-arbítrio e suas implicações morais ocupa um lugar de destaque na filosofia nietzschiana, porque Nietzsche a tomou como pedra de toque dos discursos morais por ele combatidos. Partindo deste ponto, encontraremos um embate original e instigante com as duas linhagens dominantes em filosofia moral à sua época — e poderíamos dizer, também à nossa — as linhagens de origem humeana e kantiana, ambas acusadas de meramente reelaborar os preconceitos populares sobre o tema. A denúncia de que os filósofos se furtaram à tarefa de criticar tais preconceitos sobre a liberdade, peça chave de todos os discursos e regimes morais, torna-se, assim, uma denúncia da falência das filosofias morais, e um argumento a favor do imoralismo em sentido nietzschiano.

1.1 O alvo da crítica

Mais do que um exercício refutativo das teses de Hume e Kant, o que chama atenção na crítica de Nietzsche às visões tradicionais de liberdade é sua capacidade de trazer para o centro do debate uma série de fatores até então deixados à sombra, fatores que dizem respeito à primazia dos impulsos na nossa organização psicofísica, à relação entre inconsciente e consciência, às distorções causadas pela identificação entre subjetividade e racionalidade, à contaminação moral da linguagem e à própria linguagem enquanto um fator de limitação da liberdade de escolha, pois ela restringe até mesmo os discursos que elaboramos sobre nós mesmos e nossas ações.

3. Uma versão deste capítulo foi publicada na Revista Perspectiva Filosófica, 2022.

Ao longo da história da filosofia, as visões dominantes sobre a ação moral pressupõem algum grau de controle do sujeito sobre suas próprias ações, ou ao menos sobre a própria vontade, do que depende a possibilidade de atribuição de responsabilidade. Os traços básicos desse repertório filosófico fazem parte das intuições morais compartilhadas pelo senso comum. Nossas práticas de responsabilização moral se apoiam, em alguma medida, na suposição de que o agente é capaz de deliberar racionalmente sobre a própria vontade e, em última instância, agir de acordo com a própria deliberação. Muitos filósofos entenderam que o sujeito moral, portanto, estaria sediado na razão, já que esta seria a ferramenta fundamental de livre determinação do conjunto de suas motivações (desejos, valores, normas, crenças etc.) na forma da vontade ou arbítrio.

Tradicionalmente, o ocidente enxergou aí um problema de compatibilidade entre uma visão de mundo determinista e a exigência de autonomia do agente. O problema da compatibilidade foi pensado segundo diferentes formulações, e diferentes filósofos apontaram variadas implicações. Em termos gerais, pode-se dizer que o problema é percebido como uma suposta inconsistência entre os termos que usamos para descrever a ação humana e os termos que usamos para descrever os acontecimentos naturais. Esse problema se complica a partir do desenvolvimento do pessimismo cristão, que alerta para o fato de que, além de estarmos inseridos num mundo determinístico, não teríamos acesso epistêmico nem aos constrangimentos externos nem às nossas próprias motivações.

Segundo uma visão incompatibilista, portanto, o agente não teria condições de escolher livremente entre diferentes cursos de ação alternativos, pois qualquer escolha já estaria pré-determinada pelas forças em curso, incluindo as razões ou motivações que o fariam se decidir por um ou outro caminho. É dizer, a escolha não existe. Esse problema foi contornado de diferentes formas ao longo da história da filosofia.

A solução kantiana, por exemplo, consiste em admitir a incompatibilidade entre o determinismo e a liberdade das ações, mas transferir o espaço da liberdade para uma instância própria, que seria a vontade livre. O sujeito kantiano é capaz de determinar racionalmente a própria vontade, em adequação à lei moral. Para Kant, portanto, apesar de estarmos inseridos em um mundo fenomenicamente determinístico e apesar da impossibilidade de afirmarmos que a vontade é livre em última instância, nós seríamos livres na medida em que somos capazes de determinar a nossa própria vontade no sentido de um compromisso com a lei moral, universal e acessível à racionalidade prática. Na filosofia moral kantiana, portanto, a razão prática é capaz de se sobrepor às inclinações biológicas e psicológicas subjetivas, agindo como uma fonte autônoma de determinação (SCHNEEWIND, 1999; KATSAFANAS, 2014). Pode haver impedimentos externos à execução da nossa vontade, mas a vontade, em si, é livre quando adequada à razão. Daí as acusações nietzschianas, segundo as quais a universalidade da lei moral ignora a inserção do sujeito num mundo em devir, levando a postulados absurdos, como a ideia de que a vontade é capaz, de alguma forma, de causar a si mesma (*ABM*, §21)[4].

Outra possibilidade seria afirmar, junto com os utilitaristas ingleses, que na verdade a inserção do sujeito em um mundo determinístico é compatível com o exercício da liberdade, precisamente porque o sujeito é capaz de calcular racionalmente os diversos fatores que o constrangem (tanto as condições externas em que se insere quanto o conjunto de suas motivações subjetivas) e, a partir desse cálculo racional, estabelecer um curso de ação que favoreça a máxima utilidade para si e os demais. Em sua atividade consciente, a razão seria capaz de estabelecer, por conta própria, uma hierarquia entre os diversos itens que compõem o conjunto das motivações, decidindo o peso relativo de cada um deles. Nesse quadro, uma ação é considerada livre se o sujeito não é cegamente induzido ou coagido por um desses, e sua vontade é atestada por deliberação racional, mesmo que a razão, por si, careça de força motivacional própria.

O compatibilismo da tradição utilitarista não requer, como Kant, uma fundamentação metafísica para o espaço da liberdade, já que compreende

4. As abreviações remetem às iniciais dos títulos das obras de Nietzsche e seguem um padrão usualmente aceito entre pesquisadores. A legenda e a referência completa encontram-se ao final do livro.

a razão simplesmente como uma espécie de máquina de calcular afetos, interesses e condições. Sob um ponto de vista nietzschiano, no entanto, o utilitarismo parece excessivamente otimista quanto à capacidade do sujeito de acessar racionalmente e calcular com precisão as particularidades (externas e internas) nas quais está inserido; é uma tradição que não atribui o devido peso à opacidade das motivações do sujeito e à complexidade do devir. Apesar de sua versão naturalizada da racionalidade, o utilitarismo ainda é uma tradição que pensa a liberdade como escolha racional.

Embora Nietzsche pareça, a princípio, concordar com a ideia de que a razão é um instrumento dos afetos, o quadro teórico da filosofia nietzschiana se afasta do terreno estritamente utilitarista ao elaborar uma descrição mais complexa dos fenômenos de agência. Isso porque insiste, por um lado, no fato de que o acesso da razão à multitude pulsional que motiva as ações é precário; e por outro lado, aponta a existência de um trânsito intrincado entre estados conscientes e inconscientes, ao mesmo tempo em que se recusa a identificar a possibilidade de liberdade com o triunfo de qualquer uma dessas esferas sobre a outra. Além disso, o desenrolar da obra trará à tona uma sofisticada elaboração sobre a ideia de que a imensa e desconhecida herança biológica e social que nos constitui de alguma forma "contamina" as nossas possibilidades individuais, o que, mais uma vez, parece neutralizar a possibilidade de que a atividade racional seja capaz de abrir um campo individual de escolha.

Apesar das marcantes diferenças entre as tradições, o ponto de vista nietzschiano se coloca em oposição a ambas. Nietzsche parece supor que o controle racional da ação exigiria máxima compreensão das condições singulares do agente, mas sabe que esta exigência é eventualmente impraticável, dada a complexidade e opacidade de tais condições.

A argumentação nietzschiana sugere que, seja por possibilitar a adequação da vontade à lei moral, como no caso de Kant, ou por servir a um cálculo de utilidade, como afirmavam os ingleses, a razão é em todo caso vista como o fator que permite delimitar um espaço de autonomia. Esse sujeito racional poderia ser apontado, então, como responsável pela própria vontade, o que demarcaria um campo para a avaliação moral das ações: nossas práticas de atribuição de responsabilidade somente se endereçam àqueles atos deliberados, pois somente eles seriam, de fato, atos livres. Mesmo que esse cálculo racional não seja totalmente suficiente no sentido de possibilitar a ação livre, ele seria eficiente na determinação, ou pelo menos na definição da vontade do sujeito, e é por suas vontades e intenções, primeiramente, que o sujeito é responsável. Por caminhos diferentes, então, tanto Kant quanto a tradição utilitarista reconhecem a vontade como o espaço da liberdade na medida em que esta pode ser racionalmente determinada — ou, em outras palavras, identificam a possibilidade de escolha racional com a possibilidade de liberdade. Ao apontar a precariedade da razão frente à complexidade do querer e das condições mais amplas de agência, Nietzsche tem ambas as tradições em mira.

Ao que nos parece, é a partir do ponto de vista do devir que Nietzsche desfere seus ataques às duas tradições. A insistência nietzschiana no caráter processual da efetividade desdobra-se em duas frentes de argumentação: em primeiro lugar, sustenta que a "mitologia" da liberdade está fundada em uma série de artigos de fé destinados a provocar uma falsa ideia de estabilidade e autonomia, de modo que, ao se pensar como único ser livre em um mundo de não-liberdade, o humano presume que sua existência não está em co-naturalidade com o restante do real (*HH II*, *AS*, §12). Essa estratégia argumentativa vai de encontro às tentativas kantianas no sentido de estabelecer um domínio próprio para a atuação da razão prática, um espaço onde não atuariam as causas, mas as razões. Ou seja, no que diz respeito à solução kantiana e suas variantes, a afirmação do devir cumpre uma função de contraste, e uma determinação metodológica de que a agência e demais conceitos associados à agência (vontade, deliberação, razão, etc.), sejam pensados a partir do pano de fundo do devir, e não apesar deste. Essa metodologia orienta o "filosofar histórico" anunciado por Nietzsche em *Humano, demasiado humano*. Diante da afirmação de que o humano pode não ser livre em relação a suas ações, mas é livre em relação ao seu querer, o argumento do devir lança dúvidas sobre se há uma contrapartida ontológica para o querer assim concebido.

Paralelamente, Nietzsche desenvolve uma linha de argumentação que assimila e extrapola algumas premissas utilitaristas, segundo as quais o ser humano é livre na medida em que consegue calcular racionalmente as circunstâncias em que se encontra e orientar a sua vontade para o máximo bem-estar e preservação da vida. Contra esse ponto de vista, mobiliza os argumentos da radicalidade do devir e da opacidade da vida interior do sujeito, ameaçando tanto a possibilidade de cálculo quanto a orientação natural desse cálculo. À medida que Nietzsche ganha mais clareza sobre as consequências do ponto de vista do devir, sua filosofia torna-se proporcionalmente mais povoada de conceitos próprios que o afastam do quadro utilitarista, o mais importante deles, vontade de poder.

Pode-se notar que já em *Humano* (publicado em 1878) Nietzsche se aproxima do utilitarismo tanto como um aliado quanto como um detrator — ou seja, ele concorda com o propósito utilitarista se desembaraçar da versão metafísica do livre-arbítrio, apontada como não mais do que uma ideia enganosa, fundada na ignorância sobre a pressão dos mecanismos biológicos da busca pelo prazer e preservação da vida, dentre outros condicionantes da ação[5]. Mas a partir daí a filosofia nietzschiana extrai uma conclusão estranha e contrária ao compatibilismo utilitário: a de que nossa imersão num devir radical, a que apenas de forma muito parcial, fragmentada e distorcida temos acesso, torna pueril a suposição de um controle racional do querer.

Assim, um aforismo de *Humano* retoma uma argumentação inspirada no "demônio" de Laplace, e conclui que "A ilusão acerca de si mesmo daquele que age, a suposição do livre-arbítrio, é parte desse mecanismo que seria calculado." (*HH*, §106). Este é um ponto importante porque implica em que mesmo que sejamos capazes — como querem os utilitaristas — de em algumas circunstâncias escolher de forma racional e consciente, e que tal escolha consciente tenha um impacto significativo sobre a ação que se segue — e em *Humano* se admite essa possibilidade — a escolha ela mesma é influenciada por fatores opacos que, portanto, não

5. Cf. *HH*, §39, §70, §99, §102-107; *HH II, OS*, §33; *HH II, AS*, §3, §9-12, §24.

entram no cálculo racional. Ao mesmo tempo, esse cálculo "viciado" conta como um viés sobre o qual não temos controle, inserindo um fator de irracionalidade. É possível que autores de linhagem humeana dissessem que, por precária que seja a operação, essa capacidade de cálculo caracteriza, ainda, uma condição de liberdade. Creio que a resposta nietzschiana seria que a ignorância sobre precisamente as condições que podem nos induzir a uma certa forma de calcular, lança em descrédito o resultado. E ainda, que há uma disparidade entre a exigência de racionalidade implicada nas práticas de responsabilização fundadas no livre-arbítrio — cuja consequência mais trágica é o *hiper* punitivismo cultural — e a capacidade real de cálculo dos agentes. Vale lembrar que a habilidade maior ou menor que cada um possa ter conta, também, como uma fatalidade.

Em várias passagens de *Humano*, vemos ainda que Nietzsche manipula termos e argumentos da tradição utilitarista, próximos ao hedonismo intelectualista, para promover uma redução ao absurdo das práticas de atribuição de responsabilidade moral. O argumento, que apresenta algumas variações ao longo dos dois volumes de *Humano*, consiste em que: se o humano sempre age segundo a própria razão com vistas à preservação da vida, no que está naturalmente justificado, a conclusão que se segue é que "o homem sempre age bem" (*HH*, §102); o sucesso de seu cálculo seria algo que depende de sua maior ou menor capacidade racional, e enquanto essa capacidade, em si, é fruto do acaso, algo sobre o que não temos escolha, no fundo não teríamos razão em atribuir qualquer tipo de mérito ou censura às deliberações individuais de cada um[6].

Essa dupla argumentação é representativa de um procedimento retórico tipicamente nietzschiano, que é aquele de usar os pressupostos de uma tradição como artilharia contra algumas de suas conclusões ou contra outra tradição, sem necessariamente se comprometer com o mérito de crenças pontuais como a verdade do determinismo, por exemplo.

Um segundo passo desse procedimento seria identificar um traço comum entre os adversários. A ideia de que a causa de um ato moral

---

6. Ver: *HH*, §32; §34, §42, §104-§108; *HH II, AS*, §23.

— mesmo no caso em que se trate apenas de um ato de vontade — pode ser rastreada e atribuída a um sujeito essencialmente racional e estável, capaz de alguma forma de se desvencilhar de uma série de contingências e autodeterminar o seu querer — essa ideia ocuparia o centro da "mitologia" da liberdade, orientando nossas práticas de descrição e avaliação da agência.

Um primeiro enfrentamento com as tradições hegemônicas — que, para Nietzsche, vale lembrar, são, antes de mais nada, tradições *morais* e *moralistas* — passa pela destituição do privilégio que se conferiu à razão. Faz parte desse objetivo a tarefa de mostrar como a razão, por seu próprio funcionamento, cria um *falso* sentido de estabilidade, fornecendo o material básico com o qual se construiu a mitologia do livre-arbítrio.

Enquanto é possível dizer que a realidade do devir é falsificada desde as formas mais básicas de percepção, esse processo envolve ainda mais distorções com a inserção da linguagem, a partir da qual emitimos propriamente *juízos* sobre a experiência. A partir do segundo volume de *Humano*, a obra nietzschiana torna-se rica em passagens que exploram o processo mediante o qual todo esse complexo aparato cognitivo, que permitiu colocar o mundo em termos mecanicistas, se aliou à demanda, cada vez mais premente na vida da cultura, de emitir juízos morais sobre o mundo.

O trabalho de destituição da razão como espaço próprio da liberdade tem um sentido estratégico no interior da obra. Esse trabalho tem a ver com a percepção, muito precoce na filosofia nietzschiana, de que todo discurso sobre o poder de escolha racional e livre-arbítrio conduz, no final das contas, à ideia de que ser livre é ser moral, e portanto utiliza o discurso sobre a razão como vetor de moralização.

Mais do que isso, Nietzsche insiste na ideia de que a tradição ocidental hipertrofiou, progressivamente, o papel da razão na agência, para fins moralizantes. Ou seja, em algum momento da história, passou-se a entender que a racionalidade dá entrada nos tribunais da moral, já que cada pessoa é estritamente responsável por seus atos deliberados. Esse acontecimento, embora recente, é surpreendentemente decisivo: ele teria cumprido um papel fundamental no processo de inflação das práticas morais. É possível, até mesmo, interpretá-lo como o aspecto diferencial da moral no sentido pejorativo[7].

Esta é a interpretação de Bernard Williams, por exemplo. Williams (2011) aponta que todas as operações gerenciais da sociedade, inclusive as práticas de responsabilização, seriam possíveis sem a necessidade de um aparato estritamente moral. Isso não só seria possível quanto seria um fato histórico, condizente com a maior parte das experiências sociais da humanidade. Pensemos no exemplo de um acidente de trânsito: a pessoa que causou o acidente, mesmo não tendo intenção de fazê-lo, pode ser responsabilizada e restituir a vítima, sem maiores necessidades de imputação de culpa. Muito diferente é o cenário em que há uma inquisição sobre a *vontade* do ofensor, o que parece demarcar o terreno propriamente moral. O juízo moral sobre alguém que causou um dano começa a parecer, então, uma intrusão avaliativa sobre o foro íntimo dos sujeitos.

Na narrativa que vai sendo tecida ao longo da obra nietzschiana, e que ganha certa centralidade no *Crepúsculo dos Ídolos*, Sócrates e Platão são apontados como precursores dessa tendência, ou seja, são localizados como um marco da ascensão do ideal de controle racional da vida. Esse ideal depende, em alguma medida, do pressuposto de que há uma homologia íntima entre a razão e o Bem, de modo que só cometemos o mal devido a eventuais falhas da razão. É assim que a razão passa a ser considerada como o espaço, por excelência, de encaminhamento ético do humano[8].

Nietzsche, evidentemente, tem clareza sobre a inserção do fenômeno socrático-platônico no contexto das éticas antigas, que são fundamentalmente éticas da excelência. Este é também, apesar de algumas diferenças históricas e filosóficas, o ambiente estoico. Assim, os estoicos avançaram na formulação do problema da liberdade e encontraram na razão, precisamente,

7. Sobre a ideia de moral no sentido pejorativo, ou seja, a ideia de que a tradição moral judaico-cristã constitui um regime específico e particularmente problemático no interior da moral em sentido amplo, ver LEITER, 1995.

8. Ver *A*, §116; *ABM*, Pr.; *CI*, II, §10.

uma saída para esse problema. A razão garante a possibilidade de liberdade humana, mesmo no interior de um mundo determinista, porque a razão permite identificar aqueles aspectos da vida que estão sob domínio do sujeito, e aqueles que não podem estar. Ainda assim, a ética estoica é fundada, estritamente, sobre a questão de um modo de vida excelente a ser perseguido por esses agentes excepcionais, que são os filósofos. O campo da liberdade, estoicamente delimitado, não é o palco de condenação e absolvição moral, embora tenha servido, talvez, de preparação do terreno. É o que se sugere em *Crepúsculo dos Ídolos*, ao apontar a crescente moralização do mundo antigo (*CI*, II, §10).

A "virada moral" nas concepções de liberdade ganha expressão filosófica com Santo Agostinho, marcando a elaboração de um princípio metafísico de responsabilização e imputação de culpa a partir das escolhas racionais individuais. Na modernidade, essa elaboração recebe o apoio de novos aparatos filosóficos, como a concepção cartesiana de Eu como uma substância identificada à razão. Já a filosofia de Spinoza, moralmente deflacionada, aparece como exceção dentre os modernos, talvez por isso seu lugar à margem, menos influente na história da filosofia.

Ainda hoje, com todos os avanços da meta-ética contemporânea, seria possível traçar os dois principais polos do debate sobre responsabilidade moral à ascendência de um dos dois filósofos modernos: Hume ou Kant. Enquanto as bases do consequencialismo e da ética deontológica já estavam lançadas em sua época, Nietzsche enfatizava a contribuição de ambas as tendências no sentido de inflacionar as práticas morais — das quais, aliás, o próprio Schopenhauer, filósofo ateu, seria um herdeiro e continuador (*HH*, §26).

Os aspectos fundamentais dessa narrativa sobre o processo inflacionário da moral aparecem muito cedo na obra de Nietzsche, já em *Humano*:

> De maneira sucessiva tornamos o homem responsável por seus efeitos, depois por suas ações, depois por seus motivos e finalmente por seu próprio ser. (...) Com isso chegamos ao conhecimento de que a história dos sentimentos morais é a história de

> um erro, o erro da responsabilidade, que se baseia no erro do livre-arbítrio. (*HH*, §39).

É preciso, portanto, ter em vista o objetivo de superação do ponto de vista moral, para entender a escavação das camadas mais antigas que foram manipuladas para forjar essa face recente do livre-arbítrio. Em resumo, pode-se dizer que a narrativa nietzschiana apresenta os humanos inseridos numa realidade em devir frente à qual os conceitos tradicionais de identidade e causalidade se dissolveriam. Sobre o pano de fundo do devir, todos os atos estariam inseridos num mesmo *continuum* de forças, e a prática de responsabilização que consiste em distinguir um sujeito da ação por trás de cada ação seria um mero reflexo de um de preconceito "gramatical" (*GM*, I, §13; *CI*, III, §5). Além disso, Nietzsche opera um processo de des-identificação entre o Eu e a racionalidade, que passa pela restituição da razão ao corpo, compreendida então como um mero instrumento (falível) na administração de uma miríade de impulsos em conflito entre si. Contrariamente à mitologia da liberdade, a filosofia nietzschiana não admite que haja processos causais simples, em que um ato reflexivo possa isoladamente causar um efeito sobre a vontade; ademais, a atividade consciente, aqui, é vista como processo minoritário frente à multidão de processos orgânicos e psíquicos em que o Eu está enredado.

O ponto de vista dos impulsos sempre ocupou um lugar de precedência explicativa na filosofia nietzschiana mas, a partir do desenvolvimento da noção de vontade de poder, vemos o esboço de um modelo de compreensão da agência em torno da ideia de uma *política* dos impulsos. O redimensionamento dos itens fundamentais de nossa autoimagem enquanto sujeitos morais, que passa pela insistência em um papel mais modesto da razão no interior da nossa organização psicofísica; ou ainda, o incansável esforço para expandir nossa visão sobre o que está em ação quando um ato moral vem à tona, compreendendo desde fatores históricos e culturais até o complexo funcionamento e interação entre impulsos e valores largamente opacos ao sujeito; o conceito revisionista da noção de alma como "espaço social dos afetos" (*ABM*, §12) — todos esses são fatores articulados na crítica nietzschiana à compreensão moral da ação livre. Mas acima de tudo, a reforma nietzschiana de nossa autocompreensão enquanto agentes passa por sua ênfase no papel decisivo dos processos pulsionais a que a consciência só tem acesso de modo fraturado, "falsificado", ou até mesmo por sabotagem.

Enquanto a maioria dos filósofos exaltou a consciência como a mais elevada esfera de atividade humana, e a autoconsciência como a possibilidade de autonomia subjetiva, a filosofia nietzschiana dos impulsos e seu complexo trânsito pela consciência lança uma nova luz sobre a liberdade.

1.2 A vida dos impulsos

> Por mais longe que alguém leve seu autoconhecimento, nada pode ser mais incompleto do que sua imagem da totalidade dos *impulsos* que constituem seu ser. Mal conseguirá dar o nome dos mais grosseiros entre eles: o número e a intensidade deles, o fluxo e refluxo, o jogo recíproco e, sobretudo, as leis de sua *alimentação*, permanecem inteiramente desconhecidas para esse alguém. Esta alimentação será também obra do acaso: nossas vivências diárias lançam uma presa ora a esse, ora àquele impulso, que é avidamente apanhada, mas todo o ir-e-vir desses eventos está fora de qualquer nexo racional com as necessidades de nutrição da totalidade dos impulsos: de modo que sempre ocorrerão duas coisas, a inanição e definhamento de uns e a excessiva alimentação de outros. Cada instante de nossa vida faz alguns dos braços de pólipo do nosso ser aumentarem e outros murcharem, conforme a alimentação que traz ou não traz o instante. Nossas experiências, como disse, são todas, neste sentido, meios de alimentação, mas distribuídos com mão cega, sem saber quem passa fome e quem está saciado. E, devido a essa casual alimentação das partes, o pólipo crescido será algo tão casual como foi seu desenvolvimento. (*A*, §119).

A primazia dos impulsos na vida do corpo, nos processos psíquicos e na descrição da agência, em geral, é um ponto inconteste da filosofia nietzschiana. Comentadores atuais concordam que os impulsos são o grande fator explicativo dos fenômenos psicológicos e agenciais. Paul Katsafanas, por exemplo, afirma que Nietzsche entende *todas* as nossas ações como resultado do funcionamento dos impulsos, cujas relações entre si seriam decisivas para a formação do Eu, do pensamento consciente e dos fenômenos referentes à vontade (KATSAFANAS, 2016, p. 116).

De acordo com Christopher Janaway, Nietzsche define o impulso (*drive, Trieb, Instinkt*) de forma muito geral, como uma "tendência relativamente estável a um comportamento ativo de algum tipo" (JANAWAY, 2009, p. 55). Embora bastante vaga, a definição de Janaway está de acordo com uma série de intérpretes que entendem que ao falar de impulsos Nietzsche se refere a algo associado a nossas *disposições* fisiológicas. Essa linha bastante ampla de interpretação pode, no entanto, apresentar algumas diferenciações importantes.

Katsafanas, por exemplo, chama atenção para os alertas textuais contra interpretações mecanicistas dos impulsos, nas afirmações de que os impulsos "interpretam", "avaliam" e "adotam perspectivas", "filosofam" (KATSAFANAS, 2016, p. 117)[9]. Tais afirmações levaram alguns intérpretes a entender os impulsos nietzschianos como espécies de "homúnculos", agentes em miniatura, ou agentes internos aos agentes (cf. POELLNER, 1995, p. 174; CLARK e DUDRICK, 2012). Esta última interpretação, é claro, levanta uma série de problemas, pois parece revelar um esforço paradoxal de Nietzsche ao, por um lado, insistir (aparentemente) numa concepção eliminativista do Eu[10] e, por outro, reintroduzir traços fundamentais da noção tradicional de sujeito, por ele combatida, no nível sub-pessoal dos impulsos (cf. JANAWAY, 2009, p. 56). A leitura de impulsos como "homúnculos" resultaria, portanto, contraditória e onerosa.

9. Ver *HH,* §32; *ABM,* §6, por exemplo.

10. Ver GARDNER, 2009; *CI,* VI, §3.

Uma alternativa a essa leitura foi proposta por John Richardson (1996, 2004), que desenvolve uma interpretação naturalista, informada e inspirada na biologia evolucionista. A leitura de Richardson visa superar as dificuldades que ele identifica com a interpretação "mentalista" ou homuncular dos impulsos. Essas dificuldades seriam desnecessárias, talvez, já que a maior parte dos escritos de Nietzsche sobre impulsos e valores não se refere necessariamente a atividades mentais (RICHARDSON, 2004, p. 13).

Segundo a interpretação de Richardson, impulsos seriam entidades fisiológicas que se manifestam não só como uma *disposição* ou *tendência* a produzir um resultado particular, mas que, além disso, podem ser identificadas como *funções* (RICHARDSON, 2004, p. 29). No exemplo do autor, o coração apresenta uma disposição para bombear o sangue porque essa é a *função* que fez com que a estrutura do coração fosse naturalmente selecionada. Para fazê-lo, o coração não precisa de modo algum ter uma "vontade" ou "intenção" de realizar a sua função (RICHARDSON, 2004, p. 29). Assim, o funcionamento atual de um impulso é explicado pelo seu valor adaptativo, pelo sucesso em produzir certo tipo de resultado favorável.

Leituras naturalistas, como a de Richardson, buscam mitigar o sentido teleológico intencional dos impulsos. A ideia é: impulsos e estruturas pulsionais são disposições em direção a um fim, mas desenvolvem-se de modo fundamentalmente aleatório, desprovido de uma intencionalidade última; porém, uma vez desenvolvidos, tais impulsos ou estruturas apresentam um desempenho funcional, e é o sucesso de sua funcionalidade que garante sua fixação e sobrevivência do ponto de vista evolutivo. O exemplo da funcionalidade do coração, proposto por Richardson, é bastante parecido com uma ocorrência, em *Aurora*, que trata especificamente da questão da finalidade:

> *Os fins da natureza* — Quem, como pesquisador imparcial, investiga a história do olho e suas formas nas criaturas mais simples, e mostra o desenvolvimento gradual do olho, deve chegar a este grande resultado: de que a visão *não* foi o propósito, na gênese do olho,

> mas sim apareceu quando o *acaso* havia juntado o aparelho. Um só exemplo desses: e os "fins" nos caem como antolhos! (*A* §112).

Enquanto esta passagem parece apoiar as interpretações naturalistas, outras passagens da obra parecem ressuscitar a suposta "falácia homuncular". O que dizer, por exemplo, das ocorrências em que Nietzsche afirma que os impulsos "filosofam", "interpretam" e "avaliam" seu meio e suas condições? Para contornar o problema em termos naturalistas, Richardson aponta o aspecto de plasticidade dos impulsos em relação aos meios de satisfação; segundo a reconstrução proposta pelo comentador, um impulso está tipicamente em busca constante por satisfação, de modo que na falta do objeto adequado à sua descarga, o impulso tende a abraçar qualquer outro meio que esteja disponível. Um órgão ou organismo é capaz de ajustar seu comportamento de acordo com as circunstâncias; o ritmo dos batimentos cardíacos, por exemplo, pode ser ajustado para garantir o abastecimento de sangue do corpo. É essa característica autorreguladora dos impulsos que os diferencia de entidades não-orgânicas, como um raio de sol ou uma gota de chuva (RICHARDSON, 2004, p. 28).

O interessante é que um impulso não impele o agente mecanicamente a ações impensadas — na tentativa de satisfazer sua meta, que é sua atividade típica, o impulso dispõe o agente a conscientemente perceber certos traços da realidade como um objeto oportuno para sua satisfação, mesmo que uma série de razões diga o contrário.

Segundo essa leitura, algumas afirmações de Nietzsche não devem ser entendidas literalmente: os impulsos não exatamente "interpretam" ou "avaliam" por conta própria, mas predispõem o agente a enxergar a situação através de um filtro, uma espécie de lente colorida pelo próprio impulso, de modo a favorecer a sua satisfação. Movido pelo impulso agressivo, por exemplo, o agente pode vir a interpretar um estímulo externo positivo ou neutro como negativo, e portanto, como uma ocasião apropriada a sua descarga; sob influência desse impulso, o agente pode se sentir autorizado a agir de forma agressiva mesmo que as circunstâncias de fato sugiram o contrário (KATSAFANAS, 2016, p. 150).

Expandindo a leitura disposicional articulada por Richardson, Katsafanas (2016, p. 148) entende os impulsos, então, como uma disposição fisiológica a um tipo de atividade, uma disposição que se manifesta no organismo com certa constância, e que prescinde de estímulo externo. Assim, embora o impulso agressivo, por exemplo, não se manifeste o tempo todo, ele pode vir a se manifestar mesmo na ausência de um objeto externo que justifique a sua expressão. Um agente qualquer pode experimentar a manifestação inoportuna do impulso agressivo ou sexual, etc., caso em que pode vir a descarregar tais impulsos sobre qualquer objeto, mesmo que este seja impróprio ou inconveniente.

A obra de Nietzsche está recheada de inúmeras e riquíssimas ocorrências de elaboração sobre esse tema. *Aurora* talvez seja o livro que dedica um maior espaço ao estudo dos mecanismos de funcionamento dos impulsos; o aforismo §119 discorre de modo muito completo e direto sobre as estratégias de satisfação empregadas pelos impulsos:

> Supondo que um impulso se ache no ponto em que deseja satisfação — ou exercício de sua força, ou desafogo dela, ou preenchimento de um vazio — é tudo linguagem figurada —; ele considera, em cada evento do dia, como pode utilizá-lo para seus fins; se o indivíduo corre, descansa, lê, irrita-se, luta, fala ou exulta, o impulso como que tateia, em sua sede, todo estado em que se acha ele, e, se ali nada encontra para si, em geral tem de esperar e continuar sedento: ainda um momento e ele se debilita, mais alguns dias ou meses de não-satisfação e ele murcha, como uma planta sem chuva. (*A*, §119).

São importantes os alertas de que as hipóteses sobre o comportamento dos impulsos estão aqui expressas em "linguagem figurada"; o cuidado ao afirmar que o impulso "como que" tateia, por exemplo, parece ter a função corretiva de mitigar a atribuição de intencionalidade aos impulsos. São bastante claras, por outro lado, as indicações de que a atuação dos impulsos tem efeito decisivo sobre a forma como interpretamos e orientamos nossa ação no mundo. São convincentes os exemplos de como, movidos por impulsos específicos, produzimos diferentes interpretações de situações triviais:

> Suponhamos que um dia, passando pelo mercado, notamos que alguém ri de nós: conforme este ou aquele impulso estiver no auge em nós, este acontecimento significará isso ou aquilo para nós — e, conforme o tipo de pessoa que somos, será um acontecimento bastante diferente. Uma pessoa o toma como uma gota de chuva, outra o afasta de si como um inseto, outra vê aí motivo para brigar, outra examina sua própria vestimenta, para ver se algo nela dá ensejo ao riso, outra reflete sobre o ridículo em si, outra sente-se bem por haver contribuído, sem o querer, para a alegria e a luz do sol que há no mundo — e em cada caso houve a satisfação de um impulso, seja o da irritação, o da vontade de briga, da reflexão ou da benevolência. Esse impulso agarrou o incidente como uma presa: por que justamente ele? Porque estava à espreita, sedento e faminto. (*A*, §119)

O aforismo sugere, ainda, várias outras possibilidades de articulação dos impulsos, resultando em diferentes experiências finais a depender, por exemplo, de estarmos previamente avisados sobre um acontecimento, caso em que "todos os impulsos possíveis teriam *tido tempo* de imaginar a experiência e comentá-la". E então vem à tona a questão:

> também nossos juízos e valorações morais são apenas imagens e fantasias sobre um processo fisiológico de nós desconhecido, uma espécie de linguagem adquirida para designar certos estímulos nervosos? Que tudo isso que chamamos de consciência é um comentário, mais ou menos fantástico, sobre um texto não sabido, talvez não "sabível", porém sentido? (*A*, §119).

Além de abrir todo um campo de consideração da agência que não costuma ser levado em conta nas éticas tradicionais, esta passagem é ilustrativa dos esforços no sentido de reduzir a atividade normativa à naturalidade da vida pulsional. Na tentativa de manter uma leitura consistentemente naturalista dos valores, Richardson sugere que a relação entre impulso e valor está firmada na sua história evolutiva, ou seja, um impulso supostamente "valoriza" as metas pelas quais foram selecionados, de modo que a função do impulso, fixada pela sua história evolutiva, orientaria uma atividade valorativa. Assim, a reprodução seria ao mesmo tempo a função e o valor que orientaria a atividade do impulso sexual. Mais uma vez, Richardson insiste que essa "valorização", por parte dos impulsos, se dá de forma não-representacional, não-cognitiva (RICHARDSON, 2004, p. 24). Embora esta seja uma leitura bastante atraente para um leitor contemporâneo, ela por vezes esbarra em ocorrências textuais contraditórias, por exemplo em *Humano demasiado humano*, quando, pode-se ponderar, Nietzsche apenas começava a desenvolver uma articulação filosófica para sua compreensão dos impulsos:

> Um impulso em direção ou para longe de algo, sem o sentimento de querer o que é proveitoso ou se esquivar do que é nocivo, um impulso sem uma espécie de avaliação cognitiva sobre o valor do objetivo, não existe no homem (*HH*, §32).

É possível ler essa passagem, no entanto, no sentido de que o impulso simplesmente dá ensejo, acompanha, ou causa uma "avaliação cognitiva" e não que seja ele mesmo o único autor dessa avaliação. Esta é a direção em que Katsafanas aposta ao definir o impulso como uma disposição fisiológica que induz o agente a certa orientação afetiva, entendendo afeto no sentido amplo, como nossos sentimentos frequentemente inconscientes de aversão ou inclinação em relação a uma situação, um ambiente, um objeto (*A*, §34; KATSAFANAS, 2016, p. 153).

Sobre a relação entre impulsos e valores, mais uma vez, Katsafanas insiste em que os impulsos, por si só, não são capazes de "refletir" ou "avaliar", mas enquanto impulsos enraizados em um organismo, eles podem influenciar e enviesar a atividade consciente do agente. Assim, a interpretação ajuda a iluminar uma questão importante, que tem a ver com o fato de que um agente pode, inclusive, viver contradições entre seus impulsos e seus valores. Um asceta pode, por exemplo, atribuir um alto valor à castidade, mas ainda assim viver sob a pressão do impulso sexual (KATSAFANAS, 2016, p. 169). Ou seja, é uma interpretação naturalista que não descarta a possibilidade de conflito valorativo entre impulsos e consciência. Essa interpretação se distancia das leituras "homunculares", ao firmar o ponto de que aos impulsos em si não se atribuem atividades tradicionalmente associadas ao sujeito consciente.

Note-se, no entanto, que mesmo quando dizemos que um impulso afeta o agente, supomos um espaço à parte e substancial onde se identifica "o agente", alvo final da influência dos impulsos; mas a filosofia nietzschiana, por outro lado, parece nos provocar a reiteradamente corrigir essa suposição, para que se possa pensar o agente como a totalidade dinâmica de uma organização psicofísica. Por mais que as leituras naturalistas de autores como Richardson e Katsafanas tenham um efeito interessante de "aterrar" a interpretação do texto nietzschiano em um campo de sobriedade e economia muitas vezes reivindicado pelo próprio filósofo, algum tipo de intencionalidade a nível dos impulsos parece sempre reintroduzir-se no horizonte interpretativo, assombrando os intérpretes com o fantasma da falácia homuncular.

Uma forma de encarar a questão seria assumir um tipo de solução de compromisso que possibilite, por um lado, manter em vista as esclarecedoras correções da leitura de inspiração naturalista, e, por outro lado, aceitar as ambiguidades do texto nietzschiano — ambiguidades estas que ou apontam para uma inconsistência involuntária e simplesmente insuperável, ou são as marcas de uma experimentação com hipóteses igualmente plausíveis para um filósofo do século XIX, caso em que deveriam ser lidas como criação voluntária que visa, mais do que surtir um efeito retórico, superar o problema do antropomorfismo pela sua própria extrapolação. Os experimentos filosóficos na última fase de sua produção, na qual se torna operante o conceito de vontade de poder, parecem apontar para esta última possibilidade.

Se essa leitura soa excessivamente extravagante aos ouvidos contemporâneos, se a filosofia de Nietzsche se mostra assim um constructo retrógrado ou quem sabe até ultra vanguardista, talvez não seja uma questão que nós, historiadores da filosofia, devamos resolver, ou talvez seja uma questão que não possamos resolver ainda, por falta de desenvolvimento científico suficiente sobre o tema. O que, aliás, não torna a questão menos intrigante.

É importante notar que a questão da passagem do impulso ao valor está relacionada à passagem do inconsciente para o consciente, o que dá ensejo a uma série de questões sobre a dinâmica psicofisiológica e seus modos de causação. Essa complexa dinâmica entre impulsos, afetos e pensamentos conscientes sugere a existência de uma rede de impulsos que se reorganizam ao longo da vida de um organismo — impulsos que se aliam a outros impulsos, ou fazem oposição entre si. Toda essa política dos impulsos pode se dar de forma mais ou menos turbulenta; ela pode, também, envolver processos ora muito articulados ora mais localizados. Ao evocar o "estado total" do organismo no momento em que um afeto se manifesta, Nietzsche aponta que não é possível rastrear uma relação causal simples, do tipo um-a-um, em que um impulso isolado seria a causa eficiente de um estado mental isolado. A sutileza desse jogo imbricado pode nos levar a uma série de equívocos, dentre eles à interpretação segundo a qual a consciência não teria qualquer papel significativo em questões de agência. Por isso, é preciso investigar melhor o trânsito entre fatores inconscientes e fatores conscientes, entre as demais correções que a filosofia nietzschiana aplica ao entendimento comum da agência.

1.3 O trânsito entre inconsciente e consciência

> Por longo período o pensamento consciente foi tido como o pensamento em absoluto: apenas agora começa a raiar para nós a verdade de que a atividade de nosso espírito ocorre, em sua maior

> parte, de maneira inconsciente e não sentida por nós; mas eu penso que tais impulsos que lutam entre si sabem muito bem fazer-se sentidos e fazer mal *uns aos outros*: — a violenta e súbita exaustão que atinge todos os pensadores talvez tenha aí a sua origem (é a exaustão do campo de batalha). (*GC*, §333).

O ponto de vista vitorioso no ocidente sugere que os atos propriamente *agenciais*, aqueles pelos quais devemos ser responsabilizados, são aqueles atos *causados* por estados conscientes, ou seja, aqueles atos deliberados e comandados pelo sujeito. Como vimos, esse pressuposto está associado a uma série de conclusões inflacionárias, contra as quais Nietzsche enfatiza a realidade decisiva e precariamente conhecida dos impulsos.

Mas qual seria exatamente o impacto da atividade consciente sobre a organização psicofísica como um todo? Se entendemos os impulsos como o fator explicativo fundamental de toda ação humana, e se entendemos que a atividade dos impulsos ocorre de modo inconsciente, podemos ser tentados a fazer uma leitura literal de passagens que sugerem que a consciência seria, afinal, supérflua, já que:

> Nós poderíamos pensar, sentir, querer, recordar, poderíamos igualmente "agir" em todo sentido da palavra: e, não obstante, nada disso precisaria nos "entrar na consciência" (como se diz figuradamente). A vida inteira seria possível sem que, por assim dizer, ela se olhasse no espelho: tal como, de fato, ainda hoje a parte preponderante da vida nos ocorre sem esse espelhamento — também da nossa vida pensante, sensível e querente, por mais ofensivo que isto soe para um filósofo mais velho. (*GC*, §354).

A princípio, podemos conceder que é possível, imaginável, que o inconsciente seja capaz de desempenhar todo tipo de atividade complexa, mas isso não leva necessariamente ao compromisso com o passo seguinte: a ideia de que toda experiência humana seja redutível à atividade inconsciente. E realmente, esta não parece ser a melhor interpretação dessa passagem. Se assumirmos que a consciência é radicalmente epifenomenal em relação ao inconsciente, adentramos uma seara interpretativa pouco promissora, no interior da qual dificilmente alcançaríamos as abundantes ocorrências textuais que apontam os efeitos decisivos da consciência na experiência humana, como se vê na própria sequência do aforismo em questão. Se a consciência é de fato inócua, como entender a ideia de que através dela fabricamos a superfície de mundo em que habitamos, e em direção à qual nos movemos sempre mais, sob a crescente pressão das necessidades de socialização e comunicação da vida?

Dito isto, restam ainda dúvidas sobre como entender a afirmação de que a atividade inconsciente seria a parte "preponderante" da vida humana. Essa preponderância se diz de um tipo de experiência mais comum do que a outra (consciente), ou de um papel mais decisivo do inconsciente sobre as atividades conscientes?

Há algumas hipóteses nietzschianas que parecem ter precedência nessa questão: em primeiro lugar, a ideia de que a atividade consciente corresponde a uma parcela menor, do ponto de vista da totalidade do funcionamento psicofísico, quando comparada à multidão dos impulsos; é sob esse ponto de vista que faz sentido pensar que os conteúdos conscientes só ganham um sentido realmente *agencial* quando encontram algum tipo de cooperação entre os impulsos (RICCARDI, 2018). Depois, deve-se considerar que Nietzsche define a consciência como uma ferramenta de gregarização (*GC*, §354). Enquanto esfera da comunicação linguística, a consciência serve ao trabalho de *tornar comum* a experiência de cada um; ela é a ferramenta que possibilita a troca de comandos sociais entre os sujeitos, e é, ao mesmo tempo, o meio de difusão dos valores socialmente estabelecidos.

Isso faz com que, além ocupar uma esfera menor e mais recente da organização psicofísica, a atividade consciente apresente uma lógica própria, diferente da lógica de satisfação dos impulsos. Ainda, pode-se considerar que da mesma forma que os impulsos são capazes de enviesar a percepção consciente, a consciência é capaz, em alguma medida, de redirecionar a satisfação dos impulsos. Ao perder isso de vista, deixamos escapar boa parte da obra nietzschiana, que se dedica a estabelecer uma narrativa sobre como o processo civilizatório, em especial a moral, se valeu precisamente desse expediente como meio de incorporação.

Há, ainda, a ideia de que nós podemos nos tornar gradualmente mais conscientes de nossos impulsos, das orientações afetivas e valores engendrados por eles, ou seja, um dos papéis da consciência parece ser justamente criar um discurso sobre nossos estados interiores, portanto sobre nossas motivações, desejos e impulsos, e esse discurso pode ser mais ou menos sofisticado, e mais ou menos moral.

Parte do trabalho nietzschiano consiste precisamente em observar a forma como esse processo se desenvolve nas práticas sociais comuns. Logo, chega-se à conclusão sobre o caráter instrumental da consciência, a serviço da vida gregária — e, uma vez que a vida gregária teria sido dominada pelo sentido moral, a filosofia nietzschiana se dedicará a dissecar as diferentes camadas de confecção do ideal moral a partir da noção de livre-arbítrio, que supostamente coincide com o controle consciente da vontade.

Essa história pode ser contada sob um ponto de vista de longa duração. Uma hipótese importante é a de que o requisito fundamental pra construção de um sentido de liberdade é a fixação, ainda no nível do orgânico, da tendência a atribuir autonomia aos objetos da percepção, dispositivo que remonta à história longínqua das espécies biológicas (*HH*, §18). Esse seria o grau zero das fabulações do livre-arbítrio. Enquanto tal, ele está ainda muito distante da atribuição de responsabilidade no sentido estritamente moral. O fato seria indicativo, apenas, de uma tendência a perceber o mundo como substâncias independentes com as quais construímos qualquer tipo de relação valorativa, não necessariamente moral.

O juízo moral requer que a vontade seja entendida como um fenômeno simples e independente de outros fenômenos naturais, depois, que diferentes atos sejam tratados como iguais, e então que se atribua uma constante de valor moral para os diferentes atos assim agrupados, de modo que eles possam ser identificados como atos de bondade, ou de maldade, ou de inveja, etc.. Em um aforismo de *O Andarilho e sua sombra*, Nietzsche retoma e expande a tese de que a má compreensão dos fenômenos morais remete, em última instância, ao fato de que percebemos o devir na forma de atos isolados:

> *O livre-arbítrio e o isolamento dos fatos.* — Nossa habitual observação imprecisa toma um grupo de fenômenos como um só e o denomina um fato: entre ele e um outro fato ela excogita um espaço vazio, *isola* cada fato. Na realidade, porém, todo o nosso agir e conhecer não é consequência de fatos e intervalos mas um fluxo constante. Ora, a crença no livre-arbítrio é inconciliável justamente com a ideia de um constante, homogêneo e indivisível fluir: ela pressupõe que *todo ato singular é isolado e indivisível*; ela é um *atomismo* no âmbito do querer e conhecer. (*HH II, AS*, §11).

O sentido geral dessa argumentação é de que os discursos e práticas baseados na ideia de livre-arbítrio *dependem* de uma má compreensão do real. O ponto de partida é o argumento de que falsificamos a realidade do devir por simplificação, inserindo fraturas onde na verdade haveria um "fluxo constante". Essa tendência a compreender os acontecimentos, em geral, de forma mecânica ou "atomista", é então transposta para a compreensão de fatos morais como a vontade, as emoções, o desejo, etc. Segundo a percepção comum, uma circunstância X dá ensejo a uma vontade Y que eventualmente levará a uma ação Z. Na sequência do argumento, a suposição de livre-arbítrio depende de que possamos identificar cada ação, isoladamente concebida, como *um* ato deliberativo fundado no caráter do agente; a partir daí, esse ato deliberativo pode ser considerado equivalente a outros atos isolados do mesmo tipo, o que permite identificar grupos de atos bons e ruins.

> Assim como entendemos imprecisamente os caracteres, do mesmo modo entendemos os fatos: falamos de caracteres iguais, fatos iguais: *nenhum dos dois existe*. Ora, nós louvamos e censuramos apenas com esse errado pressuposto de que existem fatos *iguais*, de que há uma ordem escalonada de valores: logo, *isolamos* não

> só o fato, mas também os grupos de fatos supostamente iguais (atos bons, maus, compassivos, invejosos, etc.) — as duas coisas erradamente. (*HH II, AS*, §11).

A compreensão "atomista"[11] dos atos morais serve à sua imediata assimilação a um código moral, e mesmo que essa compreensão se funde em uma falsa equivalência, já que não há caracteres iguais ou fatos iguais, ela é uma suposição necessária para nossas práticas de "louvar ou censurar". É essa necessidade prática, afinal, o motivo da preservação de um arsenal tão rudimentar de compreensão da ação. A seguir, Nietzsche apresenta uma hipótese sobre a origem remota dessa operação lógica, associando-a ao efeito organizador (e falsificador) da linguagem sobre a observação:

> A palavra e o conceito são a razão mais visível pela qual cremos nesse isolamento de grupos de ações: com eles não apenas *designamos* as coisas, mas acreditamos originalmente apreender-lhes a *essência* através deles. Mediante palavras e conceitos somos ainda hoje constantemente induzidos a pensar as coisas como mais simples do que são, separadas umas das outras, indivisíveis, cada qual sendo em si e para si. (*HH II, AS*, §11).

Neste ponto, vale a pena reconstituir a linha argumentativa que vem sido tecida desde o primeiro volume de *Humano*: a primeira fase de falsificação do devir é concomitante com os estágios mais básicos de percepção, em que percebemos cada acontecimento como *uma* coisa (*HH*, §18); uma segunda falsificação deve ser forjada quando tentamos trazer à percepção

---

11. Vale lembrar que no momento em que Nietzsche escrevia, o modelo atômico estava em crise, o que abriu margem para muita discussão e especulação no campo da física e da nascente filosofia da ciência. Os modelos disponíveis até então eram muito mais compactos e *unitários* do que os modelos vigentes na física quântica atual, por exemplo, que considera o átomo como um aglomerado muitas de partículas. Ou seja, o efeito retórico que Nietzsche visa obter aqui, entre o público informado, é um efeito pejorativo, em que "atomista" equivale a "simplista".

não uma coisa qualquer, mas uma *ação*, algo a ser recortado do contexto de acontecimentos em que se insere de um modo que faça sentido por si.

Essa segunda operação é necessária para que, a seguir, a ação, assim isolada, possa ser nomeada e identificada com um grupo — só então, aquele acontecimento será designado como um "crime", ou um "acidente", ou um "ataque", etc. A tipificação da ação conta, então, como uma terceira operação na falsificação do real, em que uma decisão sobre o valor moral daquele acontecimento é embutida no nível da sua descrição.

Nietzsche é muito enfático sobre o impacto do processo de nomeação na compreensão geral das ações. As nomeações são carregadas de avaliações qualitativas, e é por isso que temos a impressão de acessar a *essência* de algo uma vez que esteja nomeado. Seria possível, talvez, entender que há aí uma *quarta* operação, quando todo o trabalho de recorte, nomeação e agrupamento é apagado, criando a impressão de que os rótulos e tipificações com que manipulamos os atos são algo originário. Se falamos em três ou quatro etapas, o fazemos, é claro, apenas para explicitar o argumento; na verdade, como o texto bem indica, esse é um processo tão incorporado que o executamos de modo praticamente automático e instantâneo.

Assim, o aforismo é concluído com uma denúncia da secreta colaboração entre a linguagem e a moral:

> Há uma mitologia filosófica escondida na *linguagem* que volta a irromper a todo instante, por mais cautelosos que sejamos normalmente. A crença no livre-arbítrio, ou seja, em fatos *iguais* e fatos *isolados*, tem na linguagem seu persistente evangelista e advogado. (*HH, AS*, §11).

Enquanto herdeiros e usuários da linguagem, somos reféns da ideia de liberdade da vontade, essa ideia imprecisa e moralizante. A linguagem traz em si uma história condensada de práticas avaliativas passadas. Essa linguagem contaminada de "moralina" é, afinal, a única ferramenta de que dispomos para interpretar nossos próprios atos e os alheios; inclusive, é claro, nos processos da vontade.

A entrada na linguagem está associada, portanto, ao risco de uma entrada inadvertida na moral. Esse risco reaparece nos vários fatores envolvidos no processo de tradução de um estado afetivo e pulsional para a linguagem discursiva. Em geral, o processo de traduzir um impulso para um conceito envolve simplificações, distorções e equívocos. Isso se dá, primeiramente, devido ao abismo entre a natureza (fisiológica) dos impulsos e a estruturação (linguística) da consciência. Toda tradução de impulso para conceito envolve uma perda que tem a ver com a incapacidade dos conceitos, dada sua generalidade, de captar as colorações sutis e singulares de cada manifestação pulsional.

Esse primeiro ponto refere-se, então, à falibilidade da linguagem, em geral, algo que já está presente na filosofia nietzschiana desde *Sobre Verdade e Mentira no sentido extramoral*, através do argumento de que a linguagem pressupõe identidade entre coisas desiguais.

Além disso, pode-se considerar que o funcionamento oblíquo dos impulsos tende a nos induzir ao erro a seu respeito. É possível que a ignorância quanto às metas reais de um impulso conte como uma estratégia de satisfação. Ainda, impulsos se comportam de modo "oportunista", mobilizando a seu favor o repertório conceitual disponível a cada um de nós, mesmo que ele não seja o repertório mais realista possível para descrever a situação; vale lembrar que para a maioria das pessoas, o próprio *insight* sobre a natureza dos impulsos e seu funcionamento tende a não estar disponível, não só por falta de elaboração subjetiva mas por falta de conhecimento sobre a história de fixação dos impulsos (KATSAFANAS, 2016, p. 199).

Por outro lado, o funcionamento da consciência tende a produzir ainda outro tipo de equívoco ou autoengano quanto a seus pressupostos ontológicos e valorativos. Enquanto ferramenta gregária, a comunicação é necessariamente uma ferramenta de tornar-comum; isso implica em que a linguagem somente consiga transportar aquelas percepções e estados interiores que guardam maior semelhança com as percepções e estados alheios, ou melhor, com estados previamente codificados e facilmente identificáveis — estados "superlativos", segundo Nietzsche (*A*, §115). O uso da linguagem, por natureza estereotipada, tem o efeito cultural de nos induzir, ao longo do tempo, a vivências igualmente estereotipadas. A linguagem consegue, de certa forma, *suplantar* as nossas experiências individuais a favor de uma identificação com os sentidos gregariamente estabelecidos (*GC*, §354). Portanto, ao orientarmos nossa ação por um raciocínio consciente, estamos nos guiando por uma máxima que não expressa as peculiaridades da situação na qual nos encontramos, mas que provavelmente carrega uma orientação social[12]. Ao elaborarmos nossa autoimagem como seres livres, inadvertidamente nos enredamos em avaliações morais opacas e cristalizadas, sobre as quais nos falta conhecimento e controle.

Assim como os impulsos têm a capacidade de colorir nossos estados conscientes e afetar nossa interpretação das situações, de modo a favorecer sua própria satisfação, o conteúdo linguístico (consciente) de nossas representações tem também o poder de afetar nossa sensibilidade. Uma vez que o conceito só comunica os aspectos comuns — aqueles mais estereotipados, codificados de antemão na esfera da socialidade, numa comunicação subordinada a seus interesses (predominantemente morais) — tornamo-nos *cegos* em relação aos outros aspectos possíveis[13]. Isso equivale a dizer, portanto, que ao moldar a interpretação que podemos fazer de nossos comportamentos, a linguagem que herdamos e na qual estamos acriticamente inseridos acaba por moldar os comportamentos em si, que tendem a se alinhar com os valores morais inoculados na linguagem. As estruturas arcaicas da linguagem e seus pressupostos valorativos seriam um dos fatores que nos levaram, inclusive, a crer na mitologia do livre-arbítrio, com a qual colabora muito mais facilmente do que com as intuições nietzschianas sobre uma visão processual de mundo.

12. Tom Bailey aponta que esse descompasso entre a singularidade dos impulsos e situações reais de ação, por um lado, e a generalidade da linguagem, por outro, implica em que a razão (enquanto instrumento consciente e linguístico) seria incapaz de prescrever uma ação específica para uma circunstância específica (BAILEY, 2018, p. 290).

13. Ver *A*, §119; *GC*, §335, §354; *ABM*, §268.

Assim, a linguagem presta um duplo serviço à moral, ao limitar tanto as interpretações que fazemos de nossas experiências quanto as próprias experiências, em si[14].

Por outro lado, é importante lembrar que também a linguagem é, afinal, um produto de nossos impulsos e instintos. Mais especificamente, a linguagem seria o resultado da codificação de impulsos e instintos mediante um processo social de interpretação da experiência passada. Ela pode funcionar como um "cavalo de Tróia" que ora transporta avaliações morais tácitas, ora as metas escusas e obscuras dos impulsos.

A função primordial da linguagem não é dizer o objeto, mas dizer de nossa relação afetiva/prática com o objeto[15]. Tais inclinações são o material básico de autoanálise, um material a que falta o realismo do conhecimento científico, e que nos coloca em uma situação de circularidade. Estamos novamente diante do fato de que os conceitos que usamos para elaborar uma compreensão de nossos estados subjetivos, por carregarem a marca das experiências históricas, sociais e culturais nos quais foram forjados, acabam igualmente por moldar a nossa experiência presente a partir dessas marcas, e essas marcas são, sabidamente, marcas morais (PIAZZESI, 2012, p. 130).

No exemplo de Chiara Piazzesi, a palavra "amor" (*Liebe*) evoca uma representação idealizada de impulsos bastante próximos àqueles que poderíamos designar pela palavra "cobiça" (*Habsucht*). Mas apesar de falarem de uma mesma realidade pulsional ou de aspectos de uma mesma realidade, as duas palavras impactam nossa sensibilidade de forma diametralmente oposta, de modo que em geral estamos dispostos a aprovar moralmente uma ação supostamente motivada por "amor", mas tendemos a condenar a mesma ação caso ela seja descrita como o resultado de um impulso cobiçoso. Esses mecanismos linguísticos sutis cumpririam um papel decisivo no desenvolvimento de uma psicologia popular, fazendo com que

---

14. Ver *HH II, AS*, §11; *A*, §113, §115; *GC*, §335, §354; *CI*, VI, §5.

15. Esse ponto está bastante claro ao longo de toda a argumentação desenvolvida em *Verdade e Mentira*. Ver também: BERTINO, 2011, p. 7.

nossas experiências comuns de auto elaboração sejam frequentemente experiências "mistificadas", elaboradas a partir de um repertório imaginativo acidental e impreciso (PIAZZESI, 2012, p. 140).

Em *Aurora* Nietzsche aponta, por exemplo, que quando dizemos que agimos por "compaixão" usamos um termo que encobre uma gama de situações possíveis e eventualmente excludentes entre si; a compaixão se manifesta geralmente como uma espécie de "reflexo" natural de indignação frente ao sofrimento alheio, mas pode estar associada ao sentimento de prazer que advém da comparação de nossa própria condição com o sofrimento alheio, ou com o desejo de reconhecimento e louvor, ou com a satisfação que advém ao se superar uma injustiça; frequentemente, todos esses motivos podem se misturar e anteceder uma ação. Mesmo assim, e sem atentar para isso, um filósofo como Schopenhauer — e talvez a maioria das pessoas — estaria disposto a conceder que todos os nossos atos compassivos são igualmente valiosos do ponto de vista moral (*A*, §133).

A ideia, portanto, é que o conflito, pouco reconhecido, entre os impulsos e a linguagem que usamos para acessá-los, induz a uma imagem enganosa sobre a natureza do *Eu*. Essa ideia é expressa de forma particularmente clara em uma outra passagem de *Aurora*:

> *O assim chamado "Eu".* — A linguagem e os preconceitos em que se baseia a linguagem nos criam diversos obstáculos no exame de processos e impulsos interiores: por exemplo, no fato de realmente só haver palavras para graus *superlativos* desses processos e impulsos —; mas estamos acostumados a não mais observar com precisão ali onde nos faltam as palavras, pois é custoso ali pensar com precisão; no passado concluía-se automaticamente que onde termina o reino das palavras também termina o reino da existência. Raiva, ódio, amor, compaixão, cobiça, conhecimento, alegria, dor — estes são todos nomes para estados *extremos*: os graus mais suaves e medianos, e mesmo os graus mais baixos, continuamente presentes, nos escapam, e, no entanto, são justamente eles que tecem a trama de nosso caráter e nosso destino. (...) Aquilo que

> parecemos ser, conforme os estados para os quais temos consciência e palavras — e, portanto, elogio e censura — *nenhum de nós o é* (...). Mas *nossa opinião sobre nós mesmos*, que encontramos por essas trilhas erradas, o assim chamado "Eu", colabora desde então na feitura de nosso caráter e nosso destino. (*A*, §115).

Identificamos o Eu apenas com os tais estados afetivos mais típicos, para os quais há palavras, portanto para os quais pode haver uma expressão consciente. Seguindo a pista do aforismo, poderíamos afirmar que ali onde acabam as palavras, acaba o "Eu". Assim concebido, o Eu seria uma criação social cujos contornos coincidem com os limites da atividade consciente. Essa concepção atávica e injustificada, por sua vez, embora deixe escapar os traços mais fundamentais da experiência individual, tem um efeito decisivo sobre ela, colaborando "na feitura de nosso caráter e destino".

Vale lembrar que essas práticas linguísticas, que conferem certos contornos ao Eu, variam de acordo com circunstâncias culturais e históricas: um mesmo tipo de disposição pulsional pode receber diferentes avaliações em diferentes épocas. Nossa relação com nossos próprios impulsos varia, então, ao sabor da inclinação cultural vigente. Tais contingências podem atuar como um reforço positivo ou negativo sobre nossas disposições pulsionais, e delas depende a nossa chance de nos enxergarmos à luz da boa consciência:

> *Os instintos transformados pelos juízos morais.* — O mesmo instinto torna-se o penoso sentimento da *covardia* sob efeito da recriminação que os costumes lançaram sobre tal instinto; ou o agradável sentimento da *humildade*, caso uma moral como a cristã o tenha encarecido e achado *bom*. Ou seja, ele é acompanhado de uma boa ou de uma má consciência. Em si, *como todo instinto*, ele não possui isto nem um caráter e denominação moral, nem mesmo uma determinada sensação concomitante de prazer e desprazer: adquire tudo isso, como sua segunda natureza, apenas quando entra em relação com instintos já batizados de bons e maus, ou é

> notado como atributo de seres que já foram moralmente avaliados e estabelecidos pelo povo. (*A*, §38).

De um ponto de vista nietzschiano, portanto, a linguagem que usamos para refletir e deliberar sobre nossas ações nos compromete com valores altamente duvidosos dada sua natureza opaca e sua função gregária, ao mesmo tempo em que nos induz a uma visão de mundo equívoca, bem como uma visão mistificada sobre nossa vida interior. Tais distorções introduzem irracionalidades no processo de deliberação sobre questões de natureza prática. Por isso mesmo, a distorção gerada pelos discursos morais, entre eles os discursos de livre-arbítrio, deve ser incluída no cálculo da própria (im)possibilidade de livre-arbítrio.

Em resumo, mesmo que a atividade de reflexão e deliberação consciente tenha um impacto significativo sobre nossas ações, essa atividade de reflexão, ela mesma, é constrangida por fatores obscuros, de difícil acesso à consciência. É dizer, então, que a consciência e seus recursos linguísticos impactam o agente de uma forma sobre a qual ele não tem nem controle nem acesso epistêmico (no mais das vezes).

Esse quadro geral nos permite antever a forma como a filosofia nietzschiana abala algumas crenças sobre a natureza do agente, o Eu (*Ich* ou *Selbst*). Ela abre caminho para as sugestões de que se pense o Eu como um arranjo singular formado em meio à multiplicidade pulsional e afetiva, valores e trânsitos linguísticos. Enquanto a razão foi vista como a principal ferramenta para compreensão e execução da nossa vontade, e o terreno da atividade racional, portanto, como esfera onde é possível assumir o controle de nossas ações para que sejam ações livres, a filosofia nietzschiana convoca a pensar a ação como resultado de uma complexa política no interior do corpo, com seus acordos, conflitos e negociações. O agente não é uma esfera autônoma, ele coincide com o próprio conjunto de impulsos e atividades mentais que atribuímos a ele.

Esse Eu que emerge de uma coordenação sutil entre afetos e valores permanece obscuro para si mesmo, o que, aliás, desponta como uma das razões por que somos tão suscetíveis à crença na simplicidade da deliberação racional. Essa crença esconde, em última instância, a crença numa versão idealizada do Eu. Ainda, essa interpretação equivocada do funcionamento da vontade teria fornecido os subsídios teóricos para elaboração do discurso historicamente vitorioso sobre a natureza da ação, da liberdade e da responsabilidade, com o qual foram obliteradas as alternativas mais sóbrias e precisas de compreensão da complexidade da vontade e da ação.

Antes de ensaiar uma compreensão própria da agência em termos de vontade de poder, as incursões psicológicas de Nietzsche parecem ter como objetivo importante manter uma saudável atitude de ceticismo frente ao suposto saber nesse campo, através de alertas reiterados de que o mundo do "sujeito" é, afinal, desconhecido:

> O que é tão difícil para os homens compreenderem, dos mais remotos tempos até hoje, é sua ignorância sobre si mesmos! Não apenas em relação ao bem e ao mal, mas em relação a coisas muito mais essenciais! Continua existindo a antiquíssima ilusão de saber, saber com precisão em cada caso, *como se produz a ação humana*. Não só "Deus, que tudo vê", não só o autor, que cogita seu ato — não, ninguém mais duvida que compreende o essencial no processo da ação de cada um. "Eu sei o que quero, o que fiz, sou livre e responsável por isso, torno o outro responsável, posso dar o nome de todas as possibilidades morais e todos os movimentos interiores que precedem um ato; vocês podem agir como quiserem — nisso eu compreendo a mim e a todos vocês!" — assim pensava antes cada um, assim pensam ainda quase todos. (*A*, §116).

A sequência do aforismo aponta, ainda, a antiga identificação entre esse suposto saber e a escolha virtuosa, expresso no otimismo de Sócrates e Platão segundo o qual o conhecimento do bem leva naturalmente à boa ação. Contra esse ponto de vista, a resposta é enfática:

> Não é justamente isso a "terrível" verdade: que o que se pode saber de uma ação não basta *jamais* para fazê-la, que a ponte do

> conhecimento ao ato não foi lançada nem uma vez até hoje? Os atos não são *jamais* aquilo que parecem ser! Despendemos tantos esforços para aprender que as coisas exteriores não são como nos parecem ser — pois bem! Dá-se o mesmo com o mundo interior! As ações morais são, na verdade, algo "diferente" — mais não podemos dizer; e todos os atos são essencialmente desconhecidos. (A, §116).

Na conclusão do aforismo, a menção a Schopenhauer sugere que o otimismo em relação ao conhecimento da ação moral se deve, mais do que à vontade de verdade, à simples vontade de moral, expressa na sintomática passagem em que Schopenhauer, o filósofo ateu, comemora o renovado triunfo do ponto de vista moral, pois, "assim, cada qual pode perfeitamente assumir o lugar de Deus como confessor" (*A*, §116).

A intenção moralista é o denominador comum das mais variadas filosofias do livre-arbítrio. O maior problema da mitologia da liberdade não é a série de mal entendidos que ela promoveu sobre o tema, mas o fato de que ela continua a financiar uma moral profundamente calcada na ideia de castigo, e por isso culturalmente e socialmente desastrosa. É contra a cultura da punição que Nietzsche deflagrará uma campanha abolicionista, de que trata o capítulo a seguir.

2. Abolicionismo penal e vontade de poder

Nietzsche pensa o mundo como devir, como um fluxo temporal impermanente. Seu heraclitismo é evidente, declarado, e está presente desde os primeiros escritos. Nosso filósofo divide os filósofos entre afirmadores e negadores do devir. De um lado os pensadores da diferença, da mudança, do movimento, da flexibilidade, do dinamismo; do outro lado os pensadores da identidade, da conservação, da rigidez, do essencialismo, da unidade. Mais do que uma teoria sobre o tempo, o que está em jogo é algo da ordem da afinidade: valoriza-se a capacidade pessoal de abraçar o mobilismo. Para além disso, a aposta no devir não carece de suporte teórico. Há, a princípio, uma argumentação cética: o fato de que todo o aparato biológico, cognitivo e linguístico nos induza a acreditar na permanência reforça a suspeita a seu respeito; tanto esforço pode ser sintomático de que a estabilidade é meramente uma necessidade vital nossa, e não um traço da realidade. Os conceitos de identidade, igualdade e constância seriam artifícios naturais e culturais que nos protegem da radicalidade perturbadora do devir.

As falhas desses mesmos mecanismos de estabilidade que projetamos no mundo, suas inconsistências, seriam, também, indícios da realidade do devir (MEDRADO, 2016). Assim como o fato de que a temporalidade não é apenas um conceito que representamos para nós mesmos, mas um aspecto inegável do modo como as nossas próprias representações se seguem (temporalmente) umas às outras (MATTIOLI, 2011). A realidade do devir seria corroborada, ainda, pelos resultados das ciências mais desenvolvidas à época, que se encaminhavam para visões dinâmicas nos mais diversos campos, passando a pensar a própria biologia, por exemplo, como um processo evolutivo, e por isso histórico (MEDRADO, 2016).

O pensamento do livre-arbítrio e as práticas morais a ele associadas, por oposição, precisam se apoiar nas suposições de identidade e estabilidade. Além de falsa, essa seria uma visão de mundo que traz o imenso prejuízo prático de promover uma cultura hiperpunitivista. Não por acaso, em *Humano, demasiado humano*, a agenda do "filosofar histórico" vem a público junto a uma campanha pelo abolicionismo penal.

É a partir de *Humano*, livro dedicado aos "espíritos livres", que o tema da liberdade ganha centralidade. É nesse segundo livro publicado por Nietzsche, em 1878, que encontramos os primeiros esforços em direção à construção de uma filosofia própria da liberdade[16]. Nesse momento inicial, a crítica às doutrinas do livre-arbítrio se apoia, por vezes surpreendentemente, no vocabulário naturalista disponível à época, que é o vocabulário do utilitarismo inglês[17]. A combinação é surpreendente porque, ao contrário de seus aliados de ocasião, Nietzsche sugere que o ponto de vista determinista, comum às ciências, não é compatível com a possibilidade da liberdade na acepção tradicional do termo.

É curioso que *Humano* seja uma obra que, ao mesmo tempo, desenvolve uma posição aparentemente *incompatibilista* em relação à liberdade, denuncia os efeitos nocivos do imaginário da liberdade na cultura e, não obstante, insiste em criar sua própria versão da liberdade, em torno de um modo de vida atribuído ao tipo espírito livre. Nas obras do assim chamado "período intermediário", parece haver uma tensa acomodação entre o arsenal argumentativo dos ingleses e a presença cada vez mais audível de algumas intuições nietzschianas sobre o funcionamento do poder, que conferirão à obra sua expressão "madura". Dessas tensões brotarão algumas ideias importantes da filosofia nietzschiana, ideias que ganham feições diferentes ao longo de sua atividade.

---

16. Embora temas vizinhos à questão da liberdade, como a ideia de destino, tenham sido abordados em obras de juventude, como *Fado e História*.

17. O contato de Nietzsche com o assim chamado "utilitarismo inglês" foi mediado, em parte, pela convivência com Paul Rée. Para cronologia de leituras e uma análise mais detalhada dessa interlocução, ver SANTOS, 2019.

Neste capítulo, veremos como o proto abolicionismo penal[18] expresso na polêmica "tese da irresponsabilidade radical do homem por seus atos" se transformará na ideia de autossupressão da vingança. Paralelamente, Nietzsche abandona a argumentação determinista à medida que desenvolve uma ontologia "necessitarista" em torno da ideia de poder. Este é o pano de fundo que nos permitirá abordar, no próximo capítulo, a questão de como o espírito livre parece perder alguns de seus traços estoicos quando o filósofo desenvolve uma ideia de liberdade que vai além de uma mera conciliação psicológica com o destino.

2.1 A tese da irresponsabilidade radical

Seis anos após a publicação de *O Nascimento da Tragédia*, seu livro de estreia, *Humano* marca um momento de reconstrução da filosofia nietzschiana e uma declaração de independência em relação a Schopenhauer e Wagner, pilares do livro anterior.

É nesse momento que encontramos a aliança, a nosso ver, de ocasião, com os filósofos utilitaristas. Nietzsche encontra subsídios teóricos nas obras de utilitaristas ingleses ligados ao evolucionismo, como John Stuart Mill e Herbert Spencer, herdeiros da filosofia naturalista de David Hume, entre outros. À época, esses autores representavam a alternativa de teoria moral não teocêntrica disponível. Seu vocabulário deflacionado, centrado nos conceitos de prazer, dor e conservação da vida, combinado à incorporação de modelos científicos de explicação, retirados em linhas gerais da biologia evolucionista, fazia com que os moralistas ingleses se apresentassem como praticamente a única aliança possível na tarefa de naturalização da moral. O contraponto desses pensadores oferece valiosas contribuições para a formulação de uma "história natural dos sentimentos morais", parte importante do projeto de *Humano* (SANTOS, 2019, p. 15).

18. Dizemos *proto* abolicionismo penal porque à época de Nietzsche não havia movimentos sociais organizados em torno da causa, o que só ocorrerá quase um século depois.

O que essa tradição de pensadores da moral tinha a oferecer, portanto, eram elementos teóricos que não remetiam a noções metafísicas tradicionais, ou seja, recorriam a poucos termos morais para explicar a moral. Nos dois volumes de *Humano*, podemos ver como Nietzsche se apropria e extrapola premissas básicas do utilitarismo, como, por exemplo, a ideia de que, semelhante aos outros animais, o humano age com vistas à conservação da própria vida, e que nessa busca ele se orienta por uma série de instintos e hábitos dos quais raramente se torna consciente, pautando suas ações pela possibilidade de aumentar o prazer e evitar a dor.

Esse quadro conceitual utilitarista — operando com noções de conservação da vida, hábito e prazer/desprazer — o permite desenvolver um modelo explicativo que atenderia aos princípios naturalistas de simplicidade e economia. Com essas noções simples, reduzidas, e empiricamente acessíveis, pode-se abordar uma vasta gama de fenômenos relacionados à ação humana, de forma que o modelo cumpre satisfatoriamente as exigências metodológicas manifestas logo nas primeiras seções do livro.

Para entender a fixação de padrões de comportamento ao longo da história, o modelo toma o prazer como princípio, motivação básica de toda da ação, enquanto sua contrapartida negativa, a dor, seria responsável pelas reações de aversão, além de servir como instrumento coercitivo; o prazer reapareceria, ao fim do processo, como um reforço positivo que tende a acompanhar aqueles comportamentos que já se tornaram habituais. Uma vez que os organismos buscam naturalmente a conservação da vida, e que o prazer tende a funcionar como um indício de que aquele comportamento favorece a conservação — algo bem ilustrado pelo exemplo do prazer que advém da satisfação das necessidades fisiológicas — a busca pelo prazer é legítima, mesmo que nessa busca estejamos sujeitos a erros de cálculo. A princípio, não há sequer a necessidade de decisão consciente sobre o valor de comportamentos específicos; prazer e dor atuam como guias sensoriais, razão por que Santos sugere que se fale em um "sensacionismo" (SANTOS, 2019, p. 83).

Ao que tudo indica, o plano teórico em que Nietzsche transita, nesse momento, se aproxima de um mecanicismo darwinista, segundo o qual os impulsos orgânicos operam uma avaliação inconsciente dos meios disponíveis para satisfazer sua busca por prazer, sem que haja, sequer, a necessidade de um sentido teleológico mais forte, como um impulso específico que orientasse à auto conservação. Na argumentação de *Humano*, o impulso de auto conservação parece ser redutível à busca por prazer[19].

Esse ponto de vista coloca um limite no fator de racionalidade das ações do organismo como um todo, porque, no plano dos impulsos, não existe um senso geral de conformidade a fins; o que existe são as orientações parciais e circunstanciais dos impulsos, movidos por um sentido básico de inclinação e aversão, fixado por sua história evolutiva (RICHARDSON, 2004, p. 33).

O quadro se complica porque essas avaliações parciais, operadas a nível dos impulsos, alteram significativamente o cômputo geral operado no plano da consciência. Ou seja, os impulsos atuam como uma espécie de filtro, eventualmente contraditórios entre si, enviesando a interpretação da experiência geral. Uma vez que essa avaliação é necessariamente "precipitada" e "parcial", conclui-se que "Todos os juízos sobre o valor da vida se desenvolveram ilogicamente, e portanto são injustos" (*HH*, §32). Ou seja, sob esse ponto de vista, o conteúdo final de nossos juízos é tão acidental quanto as nossas disposições pulsionais.

Ao invés de pensar a ação como resultado de deliberação racional baseada em uma lei universal e acessível a todos, mediante a qual seria possível obter a superação das inclinações particulares, a proposta é pensá-la como expressão de um organismo constantemente premido por diversas

19. A direção de ajuste entre o princípio de prazer e o suposto impulso de autoconservação pode causar alguma confusão na leitura. O estudo das notas póstumas sugere algumas oscilações de Nietzsche em relação a essa questão, ao longo dos anos. Uma solução coerente com o ponto de vista darwinista seria dizer que a meta do impulso é o prazer, e que esse aspecto básico da vida dos impulsos, sua disposição ao prazer, foi selecionada justamente por favorecer a conservação do organismo, mas sem que a conservação seja uma meta direta, interna, do impulso. As passagens de *Humano* não parecem contradizer essa leitura, pelo contrário, há passagens que parecem sugerir justamente essa correção: "Todas as 'más' ações são motivadas *pelo impulso de conservação ou, mais exatamente*, pelo propósito individual de buscar o prazer e evitar o desprazer" (*HH*, §99) ênfase nossa. Ver RICHARDSON, 2004. Para uma leitura um pouco diferente ver SANTOS, 2019.

necessidades que ele mesmo conhece precariamente, assim como apenas parcialmente é capaz de calcular as chances de se envolver num conflito com outro organismo, ou de calcular a eficácia do meio pelo qual pretende atingir sua meta. Na busca por satisfação dessas necessidades, o organismo se fia em suas próprias sensações de prazer e dor, e num mecanismo falível de cálculo racional.

Estamos diante, portanto, do seguinte quadro teórico: o fator explicativo básico de toda ação são os impulsos; a programação do modo de funcionamento desses impulsos, estabelecida no passado da humanidade, inclui um fator de plasticidade que torna o impulso apto a se adaptar às diversas situações de modo a garantir que *sempre* ou quase sempre encontre satisfação; a plasticidade dos impulsos está ligada, também, a sua capacidade de exercer influência sobre a percepção consciente; pode-se dizer, então, que nossas percepções e interpretações conscientes são moldadas pelos interesses dos impulsos, e estes, fixados pela história remota dos organismos. Esse é um quadro que reforça, é claro, o sentido de *fatalidade* das ações, ao pulverizar os fatores explicativos da ação no passado da espécie.

Essa narrativa biologicista sobre a ação humana visa reduzir o apelo das condenações morais, e com isto superar e até mesmo abolir certa cultura judicial que, segundo o filósofo, seria marcada pela "exaltação" do sentido de vingança e punição. Assim, os elementos do pensamento utilitarista adotados em *Humano* parecem estar a serviço dessa campanha abolicionista, que seria o objetivo final da argumentação. Veja-se, por exemplo, este aforismo intitulado *O que há de inocente nas más ações*:

> Todas as "más" ações são motivadas pelo impulso de conservação ou, mais exatamente, pelo propósito individual de buscar o prazer e evitar o desprazer; são, assim, motivadas, mas não são más. "Causar dor em si" *não existe*, salvo no cérebro dos filósofos, e tampouco "causar prazer em si" (compaixão no sentido schopenhaueriano). Na condição *anterior* ao Estado, matamos o ser, homem ou macaco, que queira antes de nós apanhar uma fruta da árvore, quando temos fome e corremos para a árvore: como

> ainda hoje faríamos com um animal, ao andar por regiões inóspitas. — As más ações que atualmente mais nos indignam baseiam-se no erro de [imaginar] que o homem que as comete tem livre-arbítrio, ou seja, de que dependeria do seu *bel-prazer* não nos fazer esse mal. Esta crença no bel-prazer suscita o ódio, o desejo de vingança, a perfídia, toda a deterioração da fantasia, ao passo que nos irritamos muito menos com um animal, por considerá-lo irresponsável. Causar sofrimento não pelo impulso de conservação, mas por represália — é consequência de um juízo errado, e por isso também inocente. (*HH*, §99).

Este trecho estabelece alguns pontos fundamentais da argumentação nietzschiana ao longo de *Humano*. Em primeiro lugar, o argumento depende da premissa de que em *todos* os nossos atos somos movidos, fundamentalmente, por um impulso de prazer, fixado por sua tendência a favorecer a autoconservação, de modo que qualquer efeito de nossos atos deve ser remetido a esse princípio. Isto veta a possibilidade de que a "causa eficiente" de qualquer ato seja uma intenção puramente malévola ou benévola, contra, por exemplo, o entendimento de Schopenhauer sobre as diferentes classes de motivação. Em seguida, a menção ao passado pré-civilizado da humanidade reforçaria a tese de que o uso da violência cumpre primeiramente uma função prudencial a favor da conservação da vida, e só se torna condenável a partir da instauração da lei, que por sua vez é alcançada mediante um ato em si mesmo violento.

Depois, estabelece-se a tese do prejuízo social das filosofias do livre-arbítrio, construídas sobre a premissa (equivocada) de que a vontade pessoal racionalmente definida pode sobrepujar as necessidades de conservação da vida. Essa premissa tem como contrapartida o entendimento de que, se agimos mal, o fazemos a nosso "bel-prazer", ou seja, por um capricho aleatório, desnecessário, e nesse sentido, "arbitrário".

O ponto aqui é que, por entender mal os mecanismos da ação, o ocidente acabou criando uma cultura "do ódio", "da perfídia", da "deterioração da fantasia" — sentimentos que, num momento de maior esclarecimento sobre a agência, se revelariam como um atavismo, algo a ser superado por uma compreensão mais apurada dos fatores biológicos, psicológicos e histórico-culturais que condicionam a ação humana. Finalmente, o texto aborda o tema da possibilidade de excesso ou abuso em situações de represália, situações, portanto, em que a conservação imediata do agente não mais está em jogo. Surpreendentemente, Nietzsche extrai aqui uma consequência estranha ao pensamento utilitarista, a de que também esse tipo de ação pode ser considerado como "inocente", já que seria causado por uma falha previsível do precário aparato cognitivo a serviço da conservação da vida.

Não deixa de ser uma ética intelectualista a que se desenvolve em *Humano*, pois se todas as ações humanas têm a motivação comum do prazer e o recurso calculador da razão, há de se pensar que elas só resultam em dor quando há algum erro de cálculo, por desconhecimento do objeto ou dos meios necessários para se atingir um objeto de prazer, ou mesmo porque não foram levadas em conta as represálias que eventualmente podem se levantar contra uma ação. Essa ética intelectualista tem como ponto de partida um princípio psicológico segundo o qual o humano sempre *acredita* agir bem, no sentido de que sempre acredita agir de modo a alcançar o prazer, atitude justificável, uma vez que o prazer serve como um indício de que aquele comportamento é útil à conservação da vida. A conclusão nietzschiana, um tanto engenhosa, é de que "o homem sempre age bem", conclusão que dá título a um aforismo que reproduzimos aqui:

> Não acusamos a natureza de imoral quando ela nos envia uma tempestade e nos molha; por que chamamos de imoral o homem nocivo? Porque neste caso supomos uma vontade livre, operando arbitrariamente, e naquele uma necessidade. Mas tal diferenciação é um erro. Além disso, nem a ação propositadamente nociva é considerada sempre imoral; por exemplo, matamos um mosquito intencionalmente e sem hesitação, porque o seu zumbido nos desagrada; condenamos o criminoso intencionalmente e o fazemos sofrer, para proteger a nós e à sociedade. No primeiro caso é o

> indivíduo que, para conservar a si mesmo ou apenas evitar um desprazer, faz sofrer intencionalmente; no segundo é o Estado. Toda moral admite ações intencionalmente prejudiciais em caso de *legítima defesa*: isto é, quando se trata da *autoconservação*! Mas esses dois pontos de vista são *suficientes* para explicar todas as más ações que os homens praticam uns contra os outros: o indivíduo quer para si o prazer ou quer afastar o desprazer, a questão é sempre, em qualquer sentido, a autoconservação. Sócrates e Platão estão certos: o que quer que o homem faça, ele sempre faz o bem, isto é: o que lhe parece bom (útil) segundo o grau de seu intelecto, segundo a eventual medida de sua racionalidade. (*HH*, §102).

Este aforismo aproxima a argumentação utilitarista à ética socrática, intelectualista[20]. Com esse recurso, todas as ações são colocadas num mesmo patamar: todas as ações seriam, igualmente, uma resposta à pressão vital da busca pelo prazer e fuga da dor. Essa argumentação serve ao objetivo de apagar os limites entre diferentes tipos de ação, dentre os quais a ação intencionalmente nociva tem sido tradicionalmente apontada como merecedora de punição. Nesse contexto, as chamadas "más ações" individuais não deveriam ser pensadas como atos de *maldade*, mas como um componente de ofensividade que se tomou como necessário à conservação. Esse tipo de ação, tanto quanto qualquer outro, expressaria uma reação *necessária*, dado o conjunto de fatores em ação.

A chave do argumento, que permite considerar todo tipo de ato como igualmente passível de absolvição por legítima defesa, está em considera-los, em sua totalidade, como expressão da legítima busca por prazer. Isso corresponde a afirmar que a classe de ações tida em mais alta conta pelo ponto de vista moral, ou seja, aquelas ações em que supostamente não

20. Há pelo menos um diálogo platônico que tem sido interpretado majoritariamente como expressão de uma ética não só intelectualista, mas hedonista — trata-se do *Protágoras*, no qual os debatedores chegam à conclusão de que as coisas/atividades prazerosas sempre são boas e se as evitamos é porque acreditamos que elas possam acarretar alguma dor ou porque buscamos um prazer maior.

opera o princípio do hedonismo egoísta, na verdade, não existe. Nietzsche nega que haja uma contrapartida ontológica para a moral do "altruísmo"[21]. Ao sugerir que o humano "sempre age bem" porque sempre *acredita* agir bem, opera uma redução ao absurdo das doutrinas que entendem que mesmo que o sujeito não seja plenamente responsável por seus atos, ele certamente é responsável por suas intenções. Se nossas intenções podem ser reduzidas ao impulso vital de prazer e autoconservação, estamos todos, desde já, absolvidos.

A busca pelo prazer seria uma constante biológica, ao passo que as regras sociais que definem as formas moralmente aceitas de se buscar e fruir o prazer são contingentes– elas são historicamente muito menos estáveis, muito mais variáveis, do que a pulsão vital pelo prazer[22]. Além disso, todos os agentes teriam condições mais ou menos precárias de orientar e compreender a própria ação: em geral, conhecemos mal o passado (por exemplo, o processo seletivo, biológico ou cultural, que levou à configuração atual dos hábitos e instintos que nos fazem perseguir este ou aquele tipo de objeto de prazer, ou reagir de diferentes formas aos obstáculos que se colocam a essa busca, etc.) e o futuro das ações (se elas obterão o resultado esperado, ou se elas serão interpretadas como adequadas às regras de certa comunidade, etc.).

A precariedade do conhecimento sobre passado, presente e futuro incide sobre os juízos, e, em última instância, a deliberação. Tanto é assim, que quando é possível tomar conhecimento sobre as condições que antecedem um crime, elas geralmente são apontadas como fatores atenuantes, a favor do perpetrante. Há uma interessante proximidade entre essa argumentação e aquela desenvolvida por Górgias no *Elogio de Helena*, ao

21. Cf. *HH,* §46; §55; §92; §96; §101; §138; §133: "num exame rigoroso o conceito de 'ação altruísta' se pulveriza no ar. Jamais um homem fez algo apenas para outros e sem qualquer motivo pessoal; e como *poderia* mesmo fazer algo que fosse sem referência a ele, ou seja, sem uma necessidade interna (que sempre teria seu fundamento numa necessidade pessoal)? Como poderia o *ego* agir sem ego?".

22. A própria ideia de que haveria uma "história dos sentimentos morais" é uma reafirmação desse ponto. Ver, por exemplo, *HH,* §42.

apontar a censura que se levantou contra Helena de Tróia está fundada na fragilidade de opiniões de quem, como a maioria, ignora o passado.

Revela-se assim o traço injusto das condenações, já que o "castigo é mensurado justamente conforme o grau de *espanto* de que eles [juízes e censores] são tomados, ao ver o ato como incompreensível" (*HH II, AS*, §24). Por outro lado, a história de todo crime, bem como a história de todo ato, pode ser contada como a história da busca pelo prazer. Nessa busca por prazer, o agente se expõe à possibilidade onipresente de erro, que só é mitigada pela contingência de uma melhor capacidade de cálculo ao alcance de alguns de nós.

A lógica do livre-arbítrio exige que as ações nocivas "arbitrárias", ou seja, impensadas, sejam punidas. Mas essa exigência envolveria uma contradição interna, já que pela mesma lógica somos responsáveis apenas por aquelas escolhas racionalmente deliberadas:

> Aquilo que se pressupõe no criminoso, digno de punição, que ele negou intencionalmente sua razão — justamente isso é anulado com a suposição do 'livre-arbítrio'. Vocês, partidários da teoria do livre-arbítrio, não *podem* punir, conforme seus próprios princípios não podem punir (*HH II, AS*, §23).

É claro que o tema do prejuízo social de algumas ações vem à tona nessa discussão. E é claro, também, que Nietzsche não compartilha dos axiomas socrático-platônicos a este respeito, como a ideia de que o que é bom para o outro é também bom para mim, porque é bom *em si*. Ou seja, há um problema de justificação e execução da norma. O texto nietzschiano registra o esforço de pensar soluções não-morais para esse problema, seja reduzindo-o ao plano político da boa convivência; seja desenvolvendo um discurso naturalista sobre a orientação social do humano, que é também uma fonte de prazer e utilidade (*HH*, §57, §78, §98); ou ainda, avançando hipóteses mais sofisticadas sobre o impacto psicológico de diferentes tipos de ação. Por caminhos tão diversos, Nietzsche chega ao encontro da tese socrática de que é pior cometer uma injustiça do que sofrer uma injustiça:

> É tolice cometer injustiça. — A injustiça que fazemos é bem mais difícil de suportar do que a injustiça que alguém faz conosco (não exatamente por razões morais, note-se bem –); o autor é sempre aquele que sofre, *quando* é suscetível a remorsos ou tem a percepção de que, mediante seu ato, armou a sociedade contra si e se isolou. Por isso devemos, já por conta de nossa felicidade interior, ou seja, para não sermos privados de nosso bem-estar, independentemente do que pedem a religião e a moral, tratar de não cometer injustiça, mais ainda que de não sofrer injustiça: pois nesse último caso temos o consolo da boa consciência, da esperança de vingança, de compaixão e aplauso dos justos, até mesmo da sociedade inteira, que teme quem faz o mal. (*HH II, OS*, §52).

O apelo aqui, é ainda utilitário e intelectualista; devemos evitar a injustiça para gozar de boa consciência e aceitação social. Mas o objetivo de educar para a justiça, de promover qualquer tipo de adequação moral das ações, não parece ser o seu objetivo central. O maior objetivo programático da obra é, sem dúvidas, deflacionar as práticas de punição a partir de uma compreensão mais apurada da agência e do castigo, o que envolve uma reforma dos afetos associados à vingança.

Num aforismo intitulado "Legítima defesa", Nietzsche argumenta que "Se admitimos a legítima defesa como moral, devemos também admitir todas as expressões do chamado egoísmo imoral"; mais uma vez, a hipostasia do princípio de legítima defesa se apoia, aqui, no princípio vital da preponderância do prazer, e num argumento de ascendência sádica segundo o qual não conhecemos, de fato, a dor do outro:

> Até onde se estende o nosso sistema nervoso, nós nos protegemos contra a dor: se o seu alcance fosse maior, isto é, se incluísse nossos semelhantes, não faríamos mal a ninguém (a não ser nos casos em que fazemos a nós mesmos, isto é, nos cortamos para nos curar, nos esforçamos e nos fatigamos em prol da saúde). (*HH*, §104).

A sequência do aforismo esclarece que não somos completamente ignorantes da dor alheia, mas na medida em que o conhecimento dessa dor depende de um exercício intelectual, ele seria um motor mais fraco do que a busca primordial pelo prazer, que por vezes se satisfaz, precisamente, através do sofrimento alheio:

> Nós *inferimos* por analogia que uma coisa faz mal a alguém, e por meio da lembrança e da força da imaginação podemos nós mesmos passar mal com aquilo. Mas que diferença persiste entre uma dor de dente e a dor (compaixão) provocada pela visão de uma dor de dente? Ou seja: no comportamento danoso por aquilo que se chama maldade, o *grau* da dor produzida é para nós desconhecido, em todo caso; mas na medida em que há um *prazer* na ação (sentimento do próprio poder, da intensidade da própria excitação), a ação ocorre para conservar o bem-estar do indivíduo, sob um ponto de vista similar ao da legítima defesa, ao da mentira por necessidade. Sem prazer não há vida; a luta pelo prazer é a luta pela vida. Se o indivíduo trava essa luta de maneira que o chamem de *bom* ou de maneira que o chamem de *mau*, é algo determinado pela medida e a natureza de seu intelecto. (*HH*, §104).

O traço intelectualista da conclusão do argumento traz algumas consequências interessantes. Frente à onipresença do princípio de prazer, somos lembrados de que há diferentes formas de nos satisfazermos nessa "luta", do que depende que alguns combatentes sejam vistos como bons e outros como maus. No entanto, o acaso feliz mediante o qual um agente é reconhecido como bom não depende de uma vontade especialmente benévola, ou de intenções especialmente altruístas — ao que tudo indica, ele depende justamente de nossa capacidade intelectual de imaginar, prever a dor alheia, as regras vigentes, e negociar uma solução; o saldo moral que o agente obtém dessa luta depende, portanto de uma atividade cognitiva bem sucedida, da "medida e natureza de seu intelecto". Ora, mas a capacidade intelectual de cada agente não é algo que esteja submetido à força de sua vontade, ela é um acaso feliz, algo relativamente raro.

Assim, chega-se à visão de que todo agente faz aquilo que *pode* fazer, o que equivaleria àquilo que se *tem* que fazer (*HH,* §107). Do caráter necessário das ações decorre, então, que sempre podemos comemorar ou lamentar nossas próprias ações e as alheias, e até mesmo incentivá-las ou repreendê-las para que não se repitam, mas carecemos de qualquer tipo de apoio que nos permita exigir que essas ações fossem diferentes[23].

Nossas "más" ações decorrem de um erro de cálculo e não nada há de surpreendente nesse tipo de erro, já que o aparato cognitivo/intelectual seria um dos dispositivos de mais recente desenvolvimento no humano, responsável por uma função menor, se comparado ao restante de nossas disposições pulsionais.

A argumentação naturalista adotada aqui pretende surtir um efeito psicológico sobre os juízes: se percebemos uma ação como "má" e localizamos, na fonte dessa maldade, uma razão deliberativa, que seria sede de identidade metafísica do sujeito — como queria, principalmente, Kant — essa identidade racional se torna um alvo imediato de nosso "ódio", de nossa "perfídia", etc.; por outro lado, se não mais pensamos a razão como fonte de identidade metafísica, mas como mera ferramenta de um organismo em sua multiplicidade de impulsos e constrangimentos, dificilmente conseguimos localizar um alvo para esses sentimentos condenatórios.

Estamos diante de uma estratégia argumentativa desenvolvida em três passos: 1) estabelecimento das condições naturais da ação; 2) denúncia das filosofias fundadas na noção de livre-arbítrio, que não consideram o humano em sua co-naturalidade com o restante do mundo (caso das filosofias de fundamentação metafísica) ou superestimam a capacidade racional (caso, talvez, dos próprios utilitaristas); 3) hipostasia do princípio de legítima defesa a todo tipo de ação. Combinados, esses três pontos servem ao objetivo final de descreditar as práticas de condenação moral

23. Santos conclui a este respeito que: "Sendo assim, a crença comum de que seria admissível exigir das pessoas ações não-egoístas, ou mesmo de que seria possível exigir qualquer tipo de ação, se configura como um falso pressuposto presente em toda moral, na medida em que a vontade não é jamais livre para determina-las." (SANTOS, 2019, p. 90).

em geral, e o princípio altruísta de avaliação em particular. Pode-se resumir assim a estratégia adotada no *proto* abolicionismo penal nietzschiano.

Essa estratégia pretende surtir um efeito ao nível dos afetos, que seria obtido ao se desestabilizar nossa tendência a prontamente emitir um juízo sobre as ações, louvá-las ou condená-las. Por mais incorporada que seja essa tendência a ver a ação como um ato isolado de um sujeito substancial, e a imediatamente identificá-la a comportamentos passíveis de serem julgados como morais ou imorais, é possível evitar a adesão imediata a essa tendência, e com isto manter uma atitude de distanciamento, ao invés de emitir um juízo precipitado.

É, certamente, com vistas a criar esse tipo de distanciamento que Nietzsche desenvolve aquela que talvez seja a tese mais chocante de *Humano*, a tese da "irresponsabilidade radical do homem por seus atos". Esta é, como vimos, uma tese que depende da expansão do princípio de "legítima defesa". Ao atribuir a todo tipo de ação a mesma motivação, naturalmente legítima, apaga-se a diferença essencial entre "boas" e "más" ações, atingindo os fundamentos de todas as práticas de condenação ou premiação do comportamento. Essas práticas poderiam ser reduzidas a um mínimo, preservadas apenas em razão de objetivos estritamente gerenciais, desacompanhadas do sentido moral (*HH*, §34, §107).

Note-se que este é um argumento de certa forma sociológico, que aponta um descompasso ocasional entre a busca individual pelo prazer e as variáveis convenções morais nas quais o sujeito está inserido; este tipo de argumento se alia a argumentos sobre as funções cognitivas, apontando para a nossa dificuldade de entender a natureza do devir que aloja nossas ações (*HH* II, *AS*, §11).

A tese da irresponsabilidade radical é apresentada em um aforismo conclusivo do segundo capítulo de *Humano*, intitulado "Irresponsabilidade e inocência", que afirma que: "A total irresponsabilidade do homem por seus atos e seu ser é a gota mais amarga que o homem do conhecimento tem de engolir, se estava habituado a ver na responsabilidade e no dever a carta de nobreza de sua humanidade." (*HH,* §107). O primeiro ponto a se destacar aqui, é que Nietzsche endereça essa tese a um público específico:

é primeiramente o “homem do conhecimento” que perceberá a inconsistência dos pressupostos das nossas práticas de responsabilização.

Estamos desde já alertados de que se trata de uma tese de difícil assimilação cultural, sentida como “a gota mais amarga” da cultura intelectual mais recente, disponível a apenas uma parcela da sociedade. A dificuldade de incorporar essa tese se deve a que ela inflige uma ferida narcísica, ao alterar um ponto fundamental de nossa autoimagem. Se, no passado, entendemos que liberdade e responsabilidade eram a “carta de nobreza” da humanidade, não resta dúvidas sobre o papel civilizatório desempenhado por essa crença, mesmo que ela tenha se mostrado, afinal, uma crença equivocada. Em seguida, encontramos indicações sobre os efeitos dessa assimilação por parte do homem do conhecimento:

> Todas as suas avaliações, distinções, aversões, são assim desvalorizadas e se tornam falsas: seu sentimento mais profundo, que ele dispensava ao sofredor, ao herói, baseava-se num erro; ele já não pode louvar nem censurar, pois é absurdo louvar e censurar a natureza e a necessidade. Tal como ele ama a boa obra de arte, mas não a elogia, pois ela não pode senão ser ela mesma, tal como ele se coloca diante das plantas, deve se colocar diante dos atos humanos e de seus próprios atos. (*HH,* §107).

Ao desmascarar o ficcionalismo de nossas práticas de atribuição de mérito, a tese leva a um grau de suspensão do juízo em relação à avaliação da agência, em geral, e até em relação aos atos próprios, enfraquecendo a identificação moral. Nessa curiosa associação entre os atos humanos, as obras de arte e a vida das “plantas”, Nietzsche insiste que o caráter necessário de todas as ações extingue qualquer diferenciação de natureza entre os atos:

> Neles [o homem do conhecimento] pode admirar a força, a beleza, a plenitude, mas não lhes pode achar nenhum mérito: o processo químico e a luta dos elementos, a dor do doente que anseia pela

> cura, possuem tanto mérito quanto os embates psíquicos e as crises em que somos arrastados para lá e para cá por motivos diversos, até enfim nos decidirmos pelo mais forte — como se diz (na verdade, até o motivo mais forte decidir acerca de nós). Mas todos esses motivos, por mais elevados que sejam os nomes que lhes damos, brotaram das mesmas raízes que acreditamos conter os maus venenos; entre as boas e as más ações não há uma diferença de espécie, mas de grau, quando muito. Boas ações são más ações sublimadas; más ações são boas ações embrutecidas, bestificadas. (*HH*, §107).

A incorporação da tese da irresponsabilidade promete, então, uma ruptura cultural, mas não uma ruptura civilizatória. Se "boas ações são más ações sublimadas", está sinalizado um novo caminho de cultivo, frente ao esgotamento da cultura da punição. Tanto o crime quanto o castigo se originam da ignorância. Assim, o investimento em conhecimento desponta como um caminho de superação, talvez o único caminho. A sequência do aforismo coloca em perspectiva histórica tanto os atos "nocivos" quanto as práticas de condenação e punição, a serem igualmente superados:

> toda sociedade, todo indivíduo guarda continuamente uma hierarquia de bens, segundo a qual determina suas ações e julga as dos outros. Mas ela muda continuamente, muitas ações são chamadas de más e são apenas estúpidas, porque o grau de inteligência que se decidiu por elas era bastante baixo. E em determinado sentido *todas* as ações são ainda estúpidas, pois o mais elevado grau de inteligência humana que pode hoje ser atingido será certamente ultrapassado: então *todos* os nossos atos e juízos parecerão, em retrospecto, tão limitados e precipitados como nos parecem hoje os atos e juízos de povos selvagens e atrasados. (*HH*, §107).

A assimilação da tese da irresponsabilidade radical abriria a possibilidade de uma nova "liberdade", que se revelaria à humanidade à medida que esta se lança a um ponto de vista extramoral: "a humanidade pode *se transformar, de moral em sábia*" (*HH,* §107). A cultura se beneficiaria, então, da progressiva deflação do castigo, num cenário em que a própria expansão e acúmulo de conhecimento apontariam formas pós-morais de sublimação.

A concepção de liberdade que está em jogo aqui deve ser buscada nas entrelinhas, mas está claro o bastante que ela só seria possível *fora* da perspectiva moral, um novo ponto de vista a partir do qual se produziria um novo saber sobre a necessidade:

> Tudo é necessidade — assim diz o novo conhecimento: e ele próprio é necessidade. Tudo é inocência: e o conhecimento é a via para compreender essa inocência. (*HH,* §107).

Esse "novo conhecimento" se associa a novas formas de subjetividade cujo surgimento dependeria, precisamente, da superação do impulso de punição, que por séculos foi autorizado como o promotor moral de justiça:

> Pode continuar a nos reger o hábito que herdamos de avaliar, amar, odiar erradamente, mas sob o influxo do conhecimento crescente ele se tornará mais fraco: um novo hábito, o de compreender, não amar, não odiar, abranger com o olhar, pouco a pouco se implanta em nós no mesmo chão, e daqui a milhares de anos talvez seja poderoso o bastante para dar à humanidade a força de criar o homem sábio e inocente (consciente da inocência), da mesma forma regular como hoje produz o homem tolo, injusto, consciente da culpa — *que é, não o oposto, mas o precursor necessário daquele.* (*HH*, §107).

Essa articulação entre liberdade e necessidade, que começa a se estabelecer, convida a uma série de esclarecimentos. A liberdade prometida, enquanto superação prática e intelectual do ponto de vista moral, seria um desdobramento deste. É, todavia, impossível passar por esse ponto sem nos perguntarmos *como* a abolição ou a superação da moral poderia levar a uma convivência diferente com o aspecto *necessário* das ações. É preciso enfrentar a questão sobre o que Nietzsche entende como *necessidade* nesse momento. Ao que tudo indica, as relações de necessidade são entendidas, aqui, segundo um tipo de determinismo mecanicista, como visto no aforismo *Junto à cachoeira*, que retoma um argumento inspirado no demônio de Laplace:

> À vista de uma cachoeira, acreditamos ver nas inúmeras curvas, serpenteios, quebras de ondas, o arbítrio da vontade e do gosto; mas tudo é necessário, cada movimento é matematicamente calculável. Assim também com as ações humanas; deveríamos poder calcular previamente cada ação isolada, se fôssemos oniscientes, e do mesmo modo cada avanço do conhecimento, cada erro, cada maldade. É certo que mesmo aquele que age se prende à ilusão do livre-arbítrio; se num instante a roda do mundo parasse, e existisse uma inteligência onisciente, calculadora, a fim de aproveitar essa pausa, ela poderia relatar o futuro de cada ser até as mais remotas eras vindouras, indicando cada trilha por onde essa roda passará. A ilusão acerca de si mesmo daquele que age, a suposição do livre-arbítrio, é parte desse mecanismo que seria calculado. (*HH*, §106).

Esse argumento determinista visa despir o devir — e no seu interior, as ações humanas — de qualquer significação moral. Este ponto fica bem claro em um aforismo de *Opiniões e sentenças diversas*, em que, numa rara ocorrência, Nietzsche cita textualmente Schopenhauer para criticar sua visão de que, apesar da "rigorosa necessidade das ações humanas", "a íntima essência da totalidade das coisas", ou seja, a natureza da vontade, implica necessariamente em uma "significação ética do agir humano":

> O que precisamente não é "necessário" de forma nenhuma, e sim é rejeitado por aquela proposição sobre a rigorosa necessidade das

> ações humanas, ou seja, da absoluta não-liberdade e irresponsabilidade da vontade. As mentes filosóficas se diferenciarão das outras, portanto, através da descrença na significação metafísica da moral (...) nós *estamos* na prisão, só podemos nos *sonhar* livres, não nos tornar livres. (*HH II, OS*, §33).

O fato de Schopenhauer insistir numa conclusão moralista apesar de ela se contradizer a nível dos fenômenos — onde o que se nota é a "rigorosa necessidade das ações humanas" — é sintoma, segundo Nietzsche, de um conflito ainda em desenvolvimento na cultura europeia: uma "luta entre a doutrina da moralidade absoluta e a da não-liberdade absoluta" (*HH II, OS*, §33). Embora haja subsídios intelectuais suficientes para despojar a ação humana de qualquer conotação moral metafísica, a cultura estaria ainda presa a um afeto de punição, levando a que ora a vontade, ou o próprio sujeito, ora o outro, ora o próprio Deus, o devir, o que for, seja equivocadamente apontado como um alvo adequado para se depositar a culpa e a condenação. Por outro lado, frente à não-liberdade da vontade, o próprio princípio de justiça exigiria a suspensão do julgamento: "o filósofo deve então dizer, como Cristo: 'não julguem!', e a diferença última entre os espíritos filosóficos e os outros seria que os primeiros querem ser *justos* e os outros querem ser *juízes*." (*HH II, OS*, §33).

No que diz respeito ao problema da compatibilidade entre liberdade e determinismo, o parecer de Nietzsche nesse momento é muito claro e taxativo: "não somos livres"; a "irresponsabilidade da vontade" é uma conclusão necessária da "não-liberdade absoluta". Deve-se acrescentar que, ainda assim, o objetivo prático explícito do livro é contribuir para um tipo de liberdade, aquela do espírito livre, mas como veremos no capítulo seguinte, a liberdade é concebida nesse momento em um sentido muito específico e modesto, como uma conciliação psicológica com a verdade do determinismo. Ou melhor, a promessa nietzschiana de liberdade, nesse momento, parece se referir a uma relação não moral com a verdade do determinismo.

Para entender melhor o que está em jogo seria preciso analisar em maior detalhe o uso que Nietzsche faz, nesse momento, de uma tese de cunho evolucionista e determinista acerca da gênese e funcionamento da moral. Aliás, parece ser precisamente uma mudança nessa tese o que o leva a assumir um novo ponto de vista sobre a liberdade.

2.2 Da utilidade à tradição, do prazer ao poder

Como visto, os conceitos tomados de empréstimo do utilitarismo evolucionista inglês são um recurso importante na argumentação de *Humano*. Descrever a agência humana, em geral, como uma resposta às prementes necessidades de autoconservação serve ao propósito de naturalizar a compreensão da ação, contribuindo para despojá-la de conotações morais. Logo, uma parte importante dessa tarefa é apresentar uma narrativa não moral sobre as origens e funcionamento da moral. Em consonância com o tom da argumentação típica do livro, predomina o recurso ao princípio de utilidade, ou seja, a ideia de que em sua origem a moral serve à conservação da vida. Mas há uma nota dissonante nessa narrativa.

Um importante aforismo de *Humano* intitulado *A fábula da liberdade inteligível* (*HH*, §39), reconstitui a história dos "sentimentos morais". Temos aqui uma narrativa aos moldes do utilitarismo evolucionista sobre as origens das noções de "bom" e "mau", segundo a qual

> Primeiro chamamos as ações isoladas de boas ou más, sem qualquer consideração por seus motivos, apenas devido às consequências úteis ou prejudiciais que tenham (*HH*, §39).

O mecanismo que permitiria uma fixação propriamente moral dessa primeira reação às ações seria o esquecimento, um conhecido recurso explicativo da tradição utilitarista "logo esquecemos a origem dessas designações e achamos que a qualidade de 'bom' e 'mau' é inerente às ações, sem consideração por suas consequências" (*HH*, §39). Por fim, outra conhecida falha cognitiva, uma inversão de causa e efeito, pela qual identificamos a "bondade" ou "maldade" de uma ação como sua causa: "o mesmo erro que faz a língua designar a pedra como dura, a árvore como verde — isto é, apreendendo o que é efeito como causa" (*HH*, §39).

Mediado por operações cognitivas falhas, o ponto de vista moral teria se consolidado após uma série de transferências do alvo de condenação: dos efeitos de uma ação prejudicial à própria ação, e da ação à motivação — as intenções do agente, como na tradição cristã — até que finalmente todo o ser do sujeito que ofende seja passível de condenação — como na filosofia schopenhaueriana.

A questão sobre a origem e sentido das condenações morais é revisitada ao longo de todo o segundo capítulo de *Humano*, de título *Contribuição à história dos sentimentos morais*. Veja-se, por exemplo, a sequência que tem início com o aforismo 94, intitulado *As três fases da moralidade até agora*:

> O primeiro sinal de que o animal se tornou homem ocorre quando seus atos já não dizem respeito ao bem-estar momentâneo, mas àquele duradouro, ou seja, quando o homem busca a *utilidade*, a *adequação a um fim*: então surge pela primeira vez o livre domínio da razão. Um grau ainda mais elevado se alcança quando ele age conforme o princípio da *honra*, em virtude do qual ele se enquadra socialmente, sujeita-se a sentimentos comuns, o que o eleva bem acima da fase em que apenas a utilidade entendida pessoalmente o guiava: ele respeita e quer ser respeitado, ou seja: ele concebe o útil como dependente daquilo que pensa dos outros e daquilo que os outros pensam dele. Por fim, no mais alto grau da moralidade *até agora*, ele age conforme a *sua* medida das coisas e dos homens, ele próprio define para si e para outros o que é honroso e o que é útil; torna-se legislador das opiniões, segundo a noção cada vez mais desenvolvida do útil e do honroso. O conhecimento o capacita a preferir o mais útil, isto é, a utilidade geral duradoura, à utilidade pessoal, o honroso reconhecimento de valor geral e duradouro àquele momentâneo: ele agora vive como indivíduo coletivo. (*HH*, §94).

A familiaridade com a argumentação utilitarista é alcançada, aqui, não só pelo recurso ao princípio de utilidade geral, mas também pelo recurso ao fator da memória, que teria sido decisivo no processo de separação do humano em relação aos animais, ao permitir que se prefira uma utilidade duradoura à satisfação imediata; note-se que a memória é a contrapartida positiva do fator de esquecimento, outro recurso explicativo familiar à abordagem utilitarista, como dissemos. Por outro lado, um ouvido familiarizado com a obra nietzschiana talvez consiga captar aí, sutilmente, as notas dissonantes em relação ao quadro conceitual utilitarista. O traço dissonante parece ser uma maior disposição de Nietzsche a pensar a utilidade não como adequação a um tipo específico de fins, mas como adequação a fins que podem variar e de fato variam ao longo da história.

Enquanto o utilitarismo clássico considera que, ao longo de toda a história humana, esses fins seriam o prazer e o bem-estar da comunidade ou de uma maioria social, de modo que o indivíduo que se coloca a serviço da utilidade alheia é reconhecido como "bom", Nietzsche resiste à interpretação segundo a qual o comportamento "altruísta", "impessoal", seria naturalmente mais útil à conservação, e portanto merecedor natural e originário do valor de bondade. Esse ponto é explicitamente afirmado logo no aforismo seguinte (*HH*, §95), que levanta a hipótese de que na mais recente fase moral os comportamentos "pessoais" e auto interessados tendem a ganhar precedência sobre aquele outro tipo até então dominante. Mais à frente, (*HH*, §96), a nota dissonante torna-se ainda mais audível, pois a sequência do argumento deixa ver a maior sensibilidade histórica da filosofia nietzschiana, ao apontar a associação entre "bom", "útil" e "altruísta" como um incidente histórico, um evento circunstancial que não expressa a melhor estratégia de conservação humana em termos absolutos:

> *Costumes e moral* — Ser moral, morigerado, ético, significa prestar obediência a uma lei ou tradição há muito estabelecida. Se alguém se sujeita a ela com dificuldade ou com prazer é indiferente, bastando que o faça. "Bom" é chamado aquele que, após longa hereditariedade e quase por natureza, pratica facilmente e de bom

> grado o que é moral, conforme seja (por exemplo, exerce a vingança quando exercê-la faz parte do bom costume, como entre os antigos gregos). Ele é denominado bom porque é bom "para algo"; mas como, na mudança dos costumes, a benevolência, a compaixão e similares sempre foram sentidos como "bons para algo", como úteis, agora sobretudo o benevolente, o prestativo, é chamado de "bom". Mau é ser "não moral" (imoral), praticar o mau costume, ofender a tradição, seja ela racional ou estúpida; especialmente prejudicar o próximo foi visto nas leis morais das diferentes épocas como nocivo, de modo que hoje a palavra "mau" nos faz pensar sobretudo no dano voluntário ao próximo. (*HH*, §96).

Somos avisados, aqui, de uma "mudança de costumes" que levou à dominância moral do valor da compaixão e sentimentos afins, a partir da qual os sentimentos antípodas foram identificados como "maus". Ora, se o que chamamos "mau" não se identifica automaticamente com o comportamento inútil, egoísta, mas se refere primariamente àquilo que contraria a tradição, "seja ela racional ou estúpida", está vetada a ideia de que comportamentos específicos se tornam tradicionais porque são mais úteis:

> "Egoísta" e "altruísta" não é a oposição fundamental que levou os homens à diferenciação entre moral e imoral, bom e mau, mas sim estar ligado a uma tradição, uma lei, ou desligar-se dela. Nisso não importa saber como *surgiu* a tradição, de todo modo ela o fez sem consideração pelo bem e mal, ou por algum imperativo categórico imanente, mas antes de tudo a fim de conservar uma *comunidade*, um povo; cada hábito supersticioso, surgido a partir de um acaso erroneamente interpretado, determina uma tradição que é moral seguir (*HH*, §96).

Ou seja, não há, entre o conteúdo de uma norma e as condições de auto conservação, uma correspondência exata e imediata. A forma como uma comunidade responde a uma necessidade qualquer é sujeita a todo tipo de acidente e mal-entendido, e sempre pode ser o caso que a comunidade não consiga chegar à solução mais útil, dentre todas as possibilidades. A utilidade está na habituação em si. Como dirá ainda o aforismo seguinte: "também o mais severo modo de vida pode se tornar hábito e com isso um prazer" (*HH*, §97).

Numa passagem do mesmo capítulo que temos discutido, a questão sobre os valores morais é investigada sob o ponto de vista da hierarquia, sem que a ideia de utilidade seja sequer mencionada (*HH*, §42). Mais adiante, em *Dupla pré-história da moral* (*HH*, §45), pode-se dizer que encontramos a tese genealógica em seu estado embrionário; aqui, não há qualquer menção à noção de utilidade, mas uma narrativa construída sobre a tese de que uma antiga disputa de poder teria dado origem a duas formas antípodas de valoração, uma delas típica das "tribos e castas dominantes", como a moralidade homérica, outra originada na "alma dos oprimidos".

A ideia de poder aparece ainda lado a lado com a ideia de utilidade em várias passagens dos dois volumes de *Humano*, às vezes na mesma frase, como em um parágrafo de *O Andarilho e sua sombra* que apresenta a tese de que o estado de direito "foi criado pela prudência, para pôr fim à luta e dissipação *inútil* entre poderes semelhantes" (*HH II, AS*, §26). Ao mesmo tempo, há aquelas significativas ocorrências em que o prazer aparece associado à ideia de "sentimento do próprio poder" (*HH*, §103, §104, §252), provável indício de que nesse momento Nietzsche não está totalmente consciente das consequências dessa oscilação sobre os termos básicos a descrever a ação e a avaliação.

Já no livro seguinte, *Aurora*, a investigação sobre a psicologia do poder assume o primeiro plano. Data daí, também, o surgimento de conceitos chave, como "moralidade de costumes" (*A*, §9). Ao longo de *Aurora*, encontramos dezenove ocorrências da expressão "sentimento de poder", sempre em ocasiões decisivas sobre a questão da agência e da moral[24]. Essas passagens tendem a dissociar a ideia de sentimento de poder daquela de

24. *A*, §18, §23, §42, §53, §60, §112, §140, §146, §176, §184, §189, §199, §201, §205, §215, §245, §348, §360, §403 — essa conta inclui duas ocorrências de variações sutis: "sentimento de plena força" e "consciência do próprio poder".

prazer, que perde um pouco da função explicativa a que serviu nos livros anteriores. Mais do que isso, em *Aurora* vemos a ideia de que o sentimento de poder tende a acompanhar até mesmo aquelas experiências que pareceriam antípodas do prazer, como o desprezo, a crueldade, o sacrifício, o sentimento de submissão (*A*, §18, §53, §60).

Ainda mais visível é a perda de espaço do conceito de utilidade. Enquanto *Humano* insistia na fragilidade do intelecto para calcular com êxito a máxima utilidade para a autoconservação do indivíduo, em *Aurora* encontramos um quadro muito mais vívido e detalhado do jogo de forças — psíquicas, pulsionais, materiais, sociais, internas ou externas — de que resulta uma ação ou outra; veja-se, por exemplo, o riquíssimo aforismo de título *A pretensa luta dos motivos* (*A*, §129). Em dois aforismos especialmente significativos — *A*, §37 e §360 — o valor explicativo do princípio de utilidade é abertamente questionado ou colocado em perspectiva. O aforismo §37, antecipa a ideia genealógica ao desvincular origem e utilidade:

> *Falsas conclusões extraídas da utilidade.* — Tendo-se demonstrado a suprema utilidade de uma coisa, nada se fez ainda para explicar sua origem: ou seja, com a utilidade não podemos tornar compreensível a necessidade de existência. (*A*, §37).

Já o aforismo §360 oferece um contraexemplo à suposta primazia do princípio de utilidade:

> *Nada utilitários.* — 'Vale mais o poder ao qual se faz e se atribui muita coisa ruim do que a impotência a que só acontecem coisas boas' — desse modo sentiam os gregos. Isto é: apreciavam mais o sentimento de poder do que qualquer vantagem ou boa reputação. (*A*, §360).

Com *A Gaia Ciência* vem a público, plenamente estabelecida, a ideia da preponderância do princípio de poder sobre o princípio de prazer, apresentada de forma mais direta num aforismo intitulado *Sobre a teoria do sentimento de poder*:

> Ao fazer bem e fazer mal a outros, exercitamos neles o nosso poder — é tudo o que queremos nesse caso! Fazemos mal àqueles aos quais devemos fazer sentir nosso poder; pois para isso a dor é um meio muito mais sensível que o prazer. (*GC*, §13).

Sob esse novo ponto de vista, o bem-estar e mesmo a auto conservação são secundários à premência da necessidade do sentimento do próprio poder: "mesmo se oferecemos a vida, como faz o mártir pela sua igreja, é um sacrifício ao *nosso* desejo de poder, ou com a finalidade de preservar nosso sentimento de poder" (*GC*, §13).

Reinterpretado à luz do princípio psicológico do poder, o prazer reaparece como sensação que tende a acompanhar os estados de abundância e excedente de forças, enquanto a dor tende a acompanhar os estados de precariedade; nesse contexto, causar dor

> é um sinal de que ainda nos falta poder, ou trai o desgosto com essa penúria, traz consigo novos perigos e incertezas quanto ao poder que possuímos e turva nosso horizonte com perspectivas de vingança, escárnio, punição, fracasso. (*GC*, §13).

Essa maior clareza sobre o funcionamento do princípio de poder e sua relação com outros fenômenos psicológicos fundamentais — prazer, dor, crueldade, medo, compaixão, orgulho — se faz acompanhar do desenvolvimento de uma tipologia sofisticada, uma investigação sobre diferentes modos de vida e arranjos psicofisiológicos que predispõem as pessoas a diferentes padrões de comportamento:

> Tudo depende de como o indivíduo está acostumado a *temperar* a sua vida; é questão de gosto, se prefere um aumento de poder lento ou súbito, seguro ou perigoso e temerário

> — ele busca esse ou aquele tempero, conforme seu temperamento. (*GC*, §13).

A emergência do vocabulário do poder destitui a ideia de que o prazer é a finalidade típica dos impulsos. Isso expande o horizonte de possibilidade de satisfação dos impulsos, porque o poder é um tipo de meta que pode ser atingido de um modo muito mais variado e plástico, pode estar associado a toda uma miríade de estados psíquicos, que vão além do prazer.

O investimento nessa tipologia, nos momentos finais do chamado "período intermediário" da obra, tende a tomar o espaço anteriormente ocupado pela militância em torno da tese da "irresponsabilidade radical". O foco passa a ser, então, uma compreensão expandida, não moralizante, dos modos de vida possíveis, com especial atenção aos tipos desviantes, sejam eles muito raros ou relativamente comuns — o criminoso, o louco, o santo, o nobre, o espírito livre — pois afinal "Também o mau, o infeliz, também o homem-exceção deve ter sua filosofia, seu direito, seu raio de sol" (*GC*, §289). Esta é uma reivindicação que não apela para os sentimentos compassivos do leitor, mas convoca a um experimento filosófico que vá além da justificação da norma moral. É uma sondagem das múltiplas possibilidades que se abrem quando deixamos de considerar a agência como uma resposta previamente determinada pela pressão utilitária e passamos a vê-la como resultado de um jogo indeterminístico de forças.

Essa correção aumenta o valor explicativo da filosofia nietzschiana, porque permite abarcar, inclusive, possibilidades éticas que não são regidas por um princípio de felicidade. Destitui-se o bem-estar como finalidade típica da vida humana. Pode-se perceber como, precisamente, essa ausência de finalidade reforça o sentido fatalista dos acontecimentos. Por um lado, abole-se definitivamente a ideia de correspondência mecânica entre o costume criado (útil ou não) e o contexto de criação do costume. Isso abre espaço para que se entenda que nossas criações culturais não são *determinadas* pela sua utilidade contextual, mas isto não as torna exatamente arbitrárias; elas seriam, ainda assim, criações *necessárias*.

A dissociação entre necessidade e determinismo é diretamente trabalhada num conhecido aforismo de *A Gaia Ciência*, que traz uma meditação a partir de uma série de alertas contra as concepções antropomórficas da natureza, dentre eles:

> Guardemo-nos de crer também que o universo é uma máquina; certamente não foi construído com um objetivo, e usando a palavra 'máquina' lhe conferimos demasiada honra. (*GC*, §109).

Mais adiante, no trecho mais afirmativo do aforismo, a ideia de necessidade, curiosamente, aparece associada não a destino e determinação, mas a seu aparente oposto, o caos:

> O caráter geral do mundo, no entanto, é caos por toda a eternidade, não no sentido de ausência de necessidade, mas de ausência de ordem, divisão, forma, beleza, sabedoria e como quer que se chamem nossos antropomorfismos estéticos. (*GC*, §109).

O aforismo prossegue com uma denúncia dos antropomorfismos tacitamente inoculados no próprio discurso científico sobre a natureza, acusados de falsificar a natureza das relações de necessidade:

> Guardemo-nos de dizer que há leis na natureza. Há apenas necessidades: não há ninguém que obedeça, ninguém que transgrida. Quando vocês souberem que não há propósitos, saberão também que não há acaso: pois apenas em relação a um mundo de propósitos tem sentido a palavra "acaso". (*GC*, §109).

Como de costume, a investigação sobre a natureza está aliada ao esforço de construir um novo ponto de vista sobre o humano. Nietzsche entende sua tarefa filosófica como aquela de des-antropomorfizar a natureza, para que se possa, só então, naturalizar o humano, tarefa tanto mais premente frente à passagem para um contexto pós-moral. Na conclusão do aforismo, essa tarefa é indicada na forma de uma série de perguntas não respondidas:

> Quando é que todas essas sombras de Deus não nos obscurecerão mais a vista? Quando teremos desdivinizado completamente a natureza? Quando poderemos começar a *naturalizar* os seres humanos com uma pura natureza, de nova maneira descoberta e redimida? (*GC*, §109).

Não deixa de ser intrigante, como tem sido notado, que no desenrolar da obra o recurso desenvolvido para oferecer um modelo próprio de compreensão das relações de necessidade pareça levar, contraditoriamente, a um passo mais a fundo no pensamento antropomórfico, já que esse recurso decisivo é a ideia de vontade de poder.

2.3 Vontade de poder e necessidade

A trajetória da ideia de vontade de poder, na obra publicada, mostra que, a princípio, Nietzsche a explora como recurso explicativo para os fenômenos psicológicos e relações humanas, para só depois elevá-la ao posto de hipótese interpretativa — ou "ficção regulativa" — referente à totalidade dos acontecimentos e relações causais, em geral[25]. Já no que diz respeito à história da recepção acadêmica da filosofia nietzschiana, sabe-se que, desde o início, alguns intérpretes se viram tentados a restringir o escopo de aplicação da noção de vontade de poder àquela primeira esfera dos

25. A interpretação de "vontade de poder" como uma "ficção regulativa" é sugerida por LOPES, 2011. "Hipótese" não seria um termo adequado porque Nietzsche, é claro, não tem nenhuma pretensão de que ela possa ser testada empiricamente. A argumentação nietzschiana visa convencer que vontade de poder seria um constructo ou experiência de pensamento autorizada pelos melhores métodos disponíveis, uma vez que o modelo atomista disponível mostrava-se insuficiente para explicar fenômenos físicos como a ação gravitacional. Esse problema abriu espaço para a formulação de teorias alternativas, como a de Boscovich e seus "pontos de força sem massa", que inspirou os experimentos de Nietzsche com vontade de poder.

fenômenos psicológicos e políticos, propondo que a vontade de poder fosse entendida como um aspecto comum a todo tipo de motivação *humana*. Com essa restrição, pretende-se tornar a filosofia nietzschiana mais palatável aos padrões de racionalidade contemporâneos e também evitar algumas aparentes contradições internas à obra, como a difícil acomodação da ideia de vontade de poder com a crítica nietzschiana ao antropomorfismo e ao "modelo mental"[26], além da própria crítica às concepções tradicionais de vontade, e os supostos compromissos naturalistas do filósofo.

Atualmente, boa parte dos comentadores tem concluído que esse tipo de tentativa de contenção da ideia de vontade de poder implica em uma clara falsificação da obra. É verdade que, na maioria das vezes, a vontade de poder aparece como uma característica dos fenômenos vitais, e apenas numa minoria de registros, de forma experimental, como algo que talvez se aplique à totalidade dos fenômenos naturais, inclusive inorgânicos. No entanto, embora minoritários esses são momentos cruciais de apresentação do conceito, como o §36 de *Além de Bem e Mal*, ocorrência em que se encontra a argumentação mais elaborada sobre vontade de poder em toda a obra publicada.

Há evidência mais do que suficiente para mostrar que os experimentos com vontade de poder não se detiveram às aplicações a nível psíquico. Além de não se sustentarem textualmente, as leituras "revisionistas" da obra, que tentam limitar a aplicação de vontade de poder ao campo dos fenômenos humanos, trazem prejuízos consideráveis, dentre eles o fato de que levam a perder de vista todo esforço nietzschiano no sentido de construir uma interpretação do humano em continuidade com a natureza[27]. Por outro lado, estudiosos da obra têm apontado diferentes caminhos de leitura para lidar com as dificuldades que acabamos de apontar.

A favor de uma leitura da vontade de poder em consonância com as reivindicações naturalistas da obra, alguns intérpretes têm apontado que

26. Que discutimos no primeiro capítulo.

27. Um ponto para o qual RICHARDSON (2004) chama atenção, dentre outros intérpretes.

o naturalismo nietzschiano deve ser entendido fundamentalmente como um compromisso de continuidade metodológica com as ciências. Segundo essa leitura, o interesse de Nietzsche pelas ciências se deve especialmente à crença de que o convívio com uma comunidade científica possibilita uma disciplina dos impulsos cognitivos, uma disciplina de alto valor e lamentavelmente escassa no exercício da filosofia; através da familiaridade com os métodos da ciência, o filósofo pode incorporar suas exigências de sobriedade e economia. Esse aprendizado científico traz uma algo de *asseio* intelectual, mas não implica que a ontologia deva se restringir necessariamente àquelas entidades e propriedades reconhecidas pelas teorias científicas da época, ou seja, disso não decorre que se deva assumir um compromisso mediante o qual o filósofo tenha que conceder à ciência, em todos os casos, a palavra final sobre o que existe (WILLIAMS, 2011; LOPES, 2011).

Além disso, vários intérpretes têm notado que a exigência de continuidade com as ciências não implica necessariamente em uma recusa absoluta dos fenômenos de intencionalidade, até porque o modelo fisicalista não é a única via metodologicamente aceitável, e quando da atividade nietzschiana, sequer havia chegado à formulação influente que alcançou em meados do século 20 (LOPES, 2011; MATTIOLI, 2016; RICHARDSON, 2004; KATSAFANAS, 2016). Por outro lado, a via do materialismo mecanicista estava abertamente em crise quando da elaboração da ideia de vontade de poder.

Richardson (2004) desenvolve uma leitura de vontade de poder como uma revisão interna ao evolucionismo. Desse modo, a vontade de poder seria um aspecto comum a todos os impulsos, na medida em que foram selecionados por aqueles comportamentos que, no passado, garantiram um aumento de poder. O poder seria, então, um melhor candidato ao posto de fator explicativo básico das ações ao invés do prazer, por exemplo. Essa correção leva a um ponto de vista mais sofisticado sobre a meta típica dos impulsos. As sugestões de que o princípio de auto conservação seja substituído pelo princípio de expansão de poder deveriam ser interpretadas, segundo Richardson, no mesmo sentido. Vontade de poder seria, assim, um artifício consistentemente naturalista, que permite pensar a história dos impulsos e valores de forma extramoral, como uma história evolutiva construída de forma imanente pelas forças efetivas que a compõem. Apoio textual para essa leitura é encontrado, por exemplo, em *Além de Bem e Mal*, que apresenta a "*teoria da evolução da vontade de poder*" como uma "teoria do condicionamento mútuo dos impulsos" (*ABM*, §22).

Lopes (2011) aponta que o experimento de Nietzsche com a ideia de vontade de poder é uma concessão ao procedimento de projeção antropomórfica, uma concessão a que Nietzsche cede ao se dar conta de que não haveria, afinal, outro procedimento disponível. O argumento é apresentado no conhecido aforismo 36 de *Além de Bem e Mal*, que sugere que a totalidade dos fenômenos naturais seja considerada como expressão de vontade de poder porque, metodologicamente, esse conceito explica melhor as relações de causa e efeito do que as concorrentes mecanicistas disponíveis à época.

O ponto desenvolvido por Nietzsche é que, embora objetivamente indemonstrável, a ideia de vontade encontra-se no cerne de toda crença na causalidade, uma crença pragmaticamente indispensável. O fato de ser indispensável não a torna uma crença justificada em última instância, mas nos autoriza a "regulativamente" utilizá-la como recurso explicativo mínimo disponível. Trata-se de uma concessão, todavia, que só pode ser realizada a rigor uma vez que já tenhamos despido a concepção de vontade — e do corpo próprio, de onde ela provém — dos acréscimos de antropomorfismos morais, estéticos e religiosos sob os quais ela foi anteriormente interpretada. Assim, o modelo explicativo centrado na ideia de vontade de poder é, em linhas gerais, o modelo do realismo político, que permite pensar a vida dos impulsos como relações de comando, obediência, alianças e concessões.

Para Siemens (2010), vontade de poder é justamente o instrumento que permite avançar uma concepção não antropomórfica dos acontecimentos naturais. Uma vez que todos os acréscimos antropomórficos tenham sido removidos, a totalidade dos acontecimentos se reduziria a relações de necessidade — a vontade de poder forneceria, então, um modelo explicativo capaz de abarcar as soluções específicas que emergem das relações de necessidade entre forças não determinísticas. O modelo criado a partir da noção de vontade de poder considera os acontecimentos segundo relações imanentes de necessidade, expressando o "caráter interno de entes efetivos e espontâneos", de modo que uma ontologia da vontade de poder "foca nas *relações entre* diversos centros de poder, concebidos como *atividade espontânea, efetiva* sem substância" (SIEMENS, 2010, p. 9, tradução livre). Ao contrário da hipótese de Laplace, nem o conhecimento de todas as forças atuantes em um dado momento seria suficiente para prever seu desenvolvimento futuro, que pode se desdobrar em uma miríade de possibilidades.

Siemens, entre outros comentadores, reconhece que há um esforço visível no sentido de renovar as metáforas que usamos para pensar o mundo, a totalidade natural, já que essas metáforas exercem um considerável impacto extraepistêmico sobre o pensamento. Combate-se, a princípio, a ideia de que os acontecimentos naturais seriam expressão dos desígnios divinos, representada na tradição ocidental pelo bom Deus onisciente e onipotente. Também no que diz respeito aos discursos sobre "leis" da natureza, Nietzsche denuncia a suposição de uma autoridade externa aos acontecimentos naturais que possa encontrar, por parte destes, qualquer tipo de "obediência". Esse fator externo às necessidades das forças naturais, a lhes conferir ordenação regular e estável, seria um acréscimo de má interpretação (ABM, §22)[28].

Do mesmo modo, a suposição de que o mundo funciona como uma máquina carrega em si a ideia de um sistema de peças bem definidas, criado segundo uma finalidade específica, e de modo a produzir cegamente sempre o mesmo resultado (*GC*, §109). Nietzsche a denuncia como uma metáfora infrutífera, capaz de dar ensejo apenas às interpretações mais pobres, limitadas estritamente ao campo do que pode ser "medido" e "pesado" (*GC*, §373).

O termo "necessitarismo" não está registrado no texto nietzschiano, onde se encontram várias ocorrências de "fatalismo" e *amor fati*, este último apenas na obra madura. Esses termos costumam aparecer acompanhados

28. Ver também: *GC*, §109; *ABM*, §21.

de correções que permitam evitar acepções comuns de "destino" e "acaso", aquele no sentido de um plano pré-estabelecido por algum tipo de entidade externa, este no sentido de algo "aleatório", "arbitrário". Se insistimos em "necessitarismo" é porque o termo capta melhor a ideia das necessidades internas às forças, e está bem amparado em uma série de ocorrências em que Nietzsche contrapõe "destino" a "necessidade". A inserção se justifica, também, porque por "necessitarismo" nos referimos às implicações ontológicas e epistemológicas da filosofia nietzschiana. Por outro lado, o termo "fatalismo" se refere a uma atitude psicológica desejante, que se abre mediante a assimilação do princípio de necessidade.

A emergência da ideia de vontade de poder se faz acompanhar de um realinhamento do programa filosófico nietzschiano. A dissolução da concepção mecânica de causalidade oferece uma hipótese ontológica ainda mais veementemente contrária à ideia de que qualquer ação é causada unilateralmente por um determinante qualquer, seja ele uma escolha ou uma lei. No modelo mecanicista, a atuação das partes é pensado segundo a funcionalidade final da "máquina", sujeita a "leis" universais. Já a ideia de vontade de poder sugere que as relações de regularidade que observamos na natureza passem a ser entendidas como tipificações de acontecimentos que resultam, afinal, das forças singulares, forças que, limitadas unicamente por suas necessidades internas e pelas relações entre si, não estão sujeitas ao jugo externo de "leis" naturais.

Aqui começam a escassear as pistas que seriam precisas para desenvolver um modelo necessitarista. Ele precisaria ser reelaborado a partir dos recursos intelectuais disponíveis hoje. O mais importante é a sinalização nietzschiana, muito clara e muito instigante, da transição de um modelo mecânico para um modelo político de explicação do mundo natural, e no seu interior, a vida humana e todos os fenômenos da cultura.

Essa alternativa permite, por um lado, enfraquecer o sentido de finalidade geral e, por outro, restituir um sentido de espontaneidade das partes, atuantes segundo suas necessidades internas. As micro relações de poder serão a base de todo o complexo processo envolvido em atividades aparentemente simples, como o processo de tomada de decisão.

No interior do mecanicismo, também nós humanos seríamos como aquelas bolinhas de sinuca, arrastadas de um lado para o outro pelos nossos instintos e opiniões. Mas enquanto modelo *político*, a filosofia da vontade de poder é sensível à capacidade das partes de negociar acordos, soluções e insurgências.

O modelo permite, também, que se possa falar da vontade de um modo que não leve à duplicação da ação. Diferente do vocabulário determinista, a vontade não é *causada* pelas forças que a determinam, ela é a própria expressão desse conjunto de forças. A vontade pessoal seria o resultado que emerge dos conflitos no interior da população de micro-vontades que são os impulsos.

Há ainda muitas questões em aberto, no que diz respeito a essa mudança de uma argumentação determinista para uma ontologia necessitarista. Ao que parece, essa mudança acarreta um primeiro impacto considerável, ao abrir um novo ponto de vista sobre a totalidade dos acontecimentos. Apesar das estritas condições de necessidade em que se insere cada vontade de poder — condições impostas pelas outras vontades de poder com as quais se relaciona, que limitam e orientam mutuamente as possibilidade de satisfação — esse modelo acaba por restituir, surpreendentemente, um sentido de agência natural, já que os acontecimentos expressam as potências particulares e espontâneas[29]. A vontade de poder opera, portanto, uma pulverização da agência.

Não mais entendidos como produto de leis eternas e universais, os acontecimentos podem ser vistos como resultado singular do conflito entre as partes envolvidas. É esse traço de singularidade, ao que nos parece, o fator fundamental para que Nietzsche possa desenvolver novas propostas de relação subjetiva com o "destino", a partir das ideias de *amor fati* e eterno retorno, por exemplo. Até porque, pensemos nisso, quando alguém se coloca numa relação afirmativa e desejante com a fatalidade das coisas, esse desejo dificilmente terá por objeto as leis universais. Faz muito mais

---

29. Sobre a ideia de espontaneidade ao longo da obra de Nietzsche, ver BRUSOTTI, 2022.

sentido pensar que o que está em jogo é uma relação desejante com a história necessária de forças singulares[30].

Essa leitura ajuda a entender o que há de propriamente nietzschiano na retomada do tema estoico da fatalidade. Quando o tema da fatalidade ganha espaço, em *A Gaia Ciência* e *Zaratustra*, Nietzsche fala muito menos em "destino" do que em "caos", "acaso" e "contingência", sinalizando uma relação afirmativa com forças que, justamente, não estão submetidas a leis universais, mas expressam necessidades que vão além do controle individual e estão além da previsão. É difícil garantir, epistemicamente, que a imprevisibilidade de fato amplie o espaço de manobra das forças, ou seja, que haja uma equivalência entre imprevisibilidade e indeterminismo. É possível que a imprevisibilidade seja uma decorrência da pulverização da agência, e assim das restrições mais severas sugeridas pelo determinismo mecanicista. Mas principalmente, ela enfraquece o sentido de controle que culturalmente se associou a este. Uma atitude libertária parece se associar, assim, a uma maior flexibilidade no trato com o imprevisto.

Lado a lado, contingência e necessidade se contrapõem ao sentido teleológico do determinismo mecanicista; para além do já citado §109 de *A Gaia Ciência*, vale lembrar do belíssimo *Providência pessoal:* "o querido acaso: ele eventualmente guia a nossa mão, e a mais sábia providência não poderia conceber música mais bela do que a que então consegue esta nossa tola mão" (*GC*, §277). No *Zaratustra*, a contingência torna-se personagem conceitual:

> 'Lady Contingência' — eis a mais velha aristocracia do mundo, que devolvi a todas as coisas, ao redimi-las da servidão à finalidade. Essa liberdade e serenidade celeste eu pus como redoma cor de anil sobre todas as coisas (...) mas esta bem-aventurada certeza encontrei em todas as coisas: elas ainda preferem — dançar com os pés do acaso. (ZA, III, Antes do Nascer do Sol, p. 158).

---

30. Sobre eterno retorno como uma experiência desejante, ver LAMPERT, 2001; MEDRADO, 2014.

Enquanto reconhecimento da necessidade, o fatalismo nietzschiano pode ser pensado a partir de referências clássicas. Robert Solomon (2002), por exemplo, sugere uma propícia aproximação entre o fatalismo nietzschiano e os mitos gregos, lembrando que nem mesmo os deuses têm completo controle sobre o "destino" do herói; apesar das interferências divinas, a fortuna do herói decorre *necessariamente* de seu caráter, como observou Aristóteles. É por ser quem é, inteligente, obstinado e orgulhoso, que Édipo faz o que faz — não por instanciar mecanicamente os desígnios divinos.

A tempo, Solomon observa também que não só as ações pessoais, mas *todos* os acontecimentos, para Nietzsche, são manifestações *necessárias*, de modo que a única atitude possível frente a sua necessidade seria *amor fati*. Ele sugere que esse fatalismo deve ser pensado fundamentalmente como um olhar retrospectivo, a partir do qual se pode elaborar uma narrativa afirmativa sobre a multiplicidade de fatores que constituem o caráter e a fortuna de alguém. Colocamos-nos numa relação desejante com os resultados obtidos ao perceber de que são resultados necessários (SOLOMON, 2002, p. 67). Mais do que uma reconstituição da trajetória causal que levou a esses resultados, o fatalismo elabora sobre o sentido dessa trajetória (SOLOMON, 2002, p. 69).

A argumentação mecanicista e utilitarista desaparece da obra nietzschiana, mas sua campanha contra o castigo não. Embora a pauta abolicionista divida espaço na agenda cultural das obras de maturidade, ela está presente na tese da autossupressão da justiça, na *Genealogia da Moral*, em consonância com os conceitos que povoam os textos do "último Nietzsche": eterno retorno e *amor fati*, como dissemos, mas também a denúncia da "metafísica de carrasco", em *Crepúsculo dos* Ídolos; ou a ideia de "inocência do devir", que aparece tanto no *Zaratustra* quanto no *Crepúsculo*.

No contexto da *Genealogia da Moral*, em que a tese da autossupressão da justiça é apresentada, a argumentação ganha traços dialéticos. Como se sabe, a *Genealogia* traça a origem longínqua dos juízos morais por remissão a primitivas relações econômicas de troca, equivalência, dívida e crédito. Nesse cenário pré-moral, aquele da "moralidade dos costumes", as (terríveis) práticas de castigo têm por objetivo inscrever na memória a necessidade de se seguir a regra, estabelecendo uma equivalência entre a infração e a dor causada ao infrator. Essa fase decisiva no processo de separação do homem do animal teria sido sucedida por um estágio propriamente moral, no qual os impulsos nocivos são introjetados, tornam-se subjetivos — ao voltar-se contra o próprio sujeito, esses impulsos dão à luz os fenômenos de má consciência.

O processo de moralização atinge sua forma última com o advento do cristianismo e seu ideal de um Deus que é pura bondade e amor, perante o qual contraímos uma dívida impagável (*GM*, II, §21). Essa última fase é marcada pela inflação dos sentimentos morais. Nesse contexto, vergonha e má consciência se transformam em culpa e ressentimento, experiência subjetiva de um débito insolúvel, mediante o qual o humano reconhece não só os próprios atos, mas todo o seu ser, toda a vida mundana, como algo impuro, pecaminoso e condenável.

A moral cristã é apontada, então, como último desdobramento de um processo brutal de hominização, que teve o Estado e a religião como instrumentos de contenção social calcada no uso da força e da violência. Em certo sentido, a espiritualização da violência, alcançada com o avanço da moral, não a torna, enfim, menos violenta.

Segundo Nietzsche, ainda, os diferentes arranjos de poder ao longo da história tendem a apontar para uma escalada da violência e do castigo sempre que as comunidades se enfraquecem, enquanto os momentos de abundância se fazem acompanhar, inversamente, por uma maior humanização das relações sociais:

> Aumentando o poder de uma comunidade, ela não mais atribui tanta importância aos desvios do indivíduo, porque eles já não podem ser considerados tão subversivos e perigosos para a existência do todo: o malfeitor não é mais "privado da paz" e expulso, a ira coletiva já não pode se descarregar livremente sobre ele (...). Se crescem o poder e a consciência de si de uma comunidade, torna-se mais suave o direito penal; se há enfraquecimento dessa comunidade, e ela corre grave perigo, formas mais duras desse direito

> voltam a se manifestar. O "credor" se torna sempre mais humano, na medida em que se torna mais rico; e o quanto de injúria ele pode suportar sem sofrer é, por fim, a própria medida de sua riqueza. (*GM*, II, §10).

Um contexto de abundância e riqueza seria o cenário imaginável em que o poder renunciasse a exercer-se como vingança e castigo:

> Não é inconcebível uma sociedade com tal *consciência de poder* que se permitisse o seu mais nobre luxo: deixar *impunes* os seus ofensores. "Que me importam meus parasitas?", diria ela. "Eles podem viver e prosperar — sou forte o bastante para isso!" ... A justiça, que iniciou com "tudo é resgatável, tudo tem que ser pago", termina por fazer vista grossa e deixar escapar os insolventes — termina como toda coisa boa sobre a terra, *suprimindo a si mesma*. A auto-supressão da justiça: sabemos com que belo nome ela se apresenta — graça; ela permanece, como é óbvio, privilégio do poderoso, ou melhor, o seu "além do direito". (*GM*, II, §10).

No contexto da *Genealogia da Moral*, o modelo adotado para explicar as relações humanas, nelas incluídas as relações de âmbito moral — ressentimento, culpa, punição, etc. — é um modelo baseado estritamente na relação entre forças ou arranjos de força, portanto um modelo que não recorre a termos morais — bondade, maldade, altruísmo, compaixão, etc. — para explicar a moral. Por outro lado, apesar de não se basear em uma avaliação moral predeterminada, este é um modelo que preserva o espaço para a atribuição de valor, na medida em que, a partir dele, é possível pensar diferentes configurações de força possíveis, e tirar conclusões sobre formas mais ou menos equilibradas, mais ou menos punitivas, mais saudáveis ou mais mórbidas, mais ou menos favoráveis ao exercício de liberdade.

A ideia de vontade de poder permite pensar na possibilidade de diferentes arranjos de forças, em que a ideia e a prática do castigo se tornem desnecessárias. Um dos objetivos finais da campanha de Nietzsche contra a moral seria corrigir a inflação gerada pela especulação moral sobre a vida. A expectativa é que a superação do ponto de vista moral propicie um novo cenário de abundância, uma vez que as forças afetivas sejam liberadas desse *hiper* investimento em um projeto condenatório[31]. Essa liberação levaria, por consequência, a um rearranjo do jogo de forças envolvendo afetos, valores e práticas sociais.

É esse quadro teórico que conferirá às ideias nietzschianas sobre a liberdade sua configuração de maturidade, contrastando, em alguns pontos, com as primeiras formulações concebidas no período da filosofia do espírito livre. Os pontos centrais desse quadro final, ao que nos parece, envolvem a pulverização da agência no modelo da vontade de poder, e a recuperação da noção de vontade como algo que emerge da totalidade de forças em jogo no interior de um corpo pessoal ou coletivo. É por referência a tais relações de poder que uma vontade passa a ser avaliada como forte ou fraca. Essa distinção trará uma resposta propriamente nietzschiana ao problema da diferenciação entre a ação, em sentido pleno, e o mero comportamento, que não coincide com a distinção entre ações conscientes ou inconscientes, intencionais ou não, racionalmente deliberadas ou não. Mais importante ainda, ela possibilita à filosofia nietzschiana manter um compromisso consistente com a pauta da abolição do castigo sem ter que renunciar à tarefa de atribuir diferentes valores a diferentes circunstâncias

31. Há controvérsias em torno da previsão de superação da moral, ou "autossupressão da moral". Em alguns momentos, Nietzsche parece sugerir que ela seria um desdobramento necessário da história Ocidental, aos moldes de uma solução hegeliana. Em outros momentos, mais consoantes com a própria ideia genealógica, dá-se a entender que a superação definitiva do ponto de vista moral dependeria de uma batalha ainda não decidida, de um engajamento ativo na crítica e criação de novos referenciais de valor. Ainda assim, o termo "autossupressão" [*Aufhebung*] e toda a argumentação nietzschiana a seu redor, indicam um processo no qual a moral sucumbe ao extrair as últimas consequências de seus próprios pressupostos, ou seja, ao *tomar consciência de si como um problema*. Segundo Nietzsche, a própria exigência de honestidade intelectual [*Redlichkeit*] — ela mesma, um produto da moral — leva à conclusão de que o ideal moral não resiste à análise, revelando-se insustentável e inconsistente. Diferentemente da solução hegeliana, esse processo de autoproblematização não levaria a uma reedição do ideal moral, mas forçaria uma passagem em direção a novas formas, não-morais, de criação de valores. Ver GIACOIA Jr., 2010. O tema das diferentes motivações e estratégias da crítica de Nietzsche à moral será abordado em maior detalhe no capítulo 4.

de forças. Finalmente, a possibilidade de uma vontade forte desponta como a possibilidade de liberdade no sentido plenamente nietzschiano. A ideia de vontade de poder, junto ao compromisso com o valor de liberdade, apontam um caminho de *transvaloração* dos valores. No próximo capítulo, abordaremos o processo de transformação das figuras de liberdade ao longo da obra.

3.
As transmutações da liberdade[32]

A crítica nietzschiana envolve uma escavação das diferentes *camadas* que se sobrepuseram na construção dos discursos correntes sobre liberdade. Do mesmo modo, seria possível identificar os seus esforços no sentido de corrigir, reformar, redesenhar e exaptar o material encontrado em cada uma dessas camadas. Desse processo resultam várias ideias, teses e conceitos que vão construindo uma filosofia nietzschiana da liberdade.

Tanto a liberdade quanto os discursos a seu respeito são parte de uma história evolutiva que conferiu feições variadas a nossas práticas sociais, psicológicas, morais, jurídicas, etc. Isso ocasionou que em diferentes momentos a liberdade tenha sido vista ora como independência, ora como responsabilidade pelas próprias ações, ou pelas próprias intenções, ou pelo próprio ser, ou ainda, como um estado de desimpedimento, como o oposto da escravidão, como capacidade de escolha racional, ou como um tipo específico de relação com a própria subjetividade.

O estudo desse palimpsesto mostra como uma disposição humana pode ser diversamente apropriada, manipulada, desenvolvida ou inibida. É essa história que Nietzsche tenta recuperar e revisitar em vários momentos importantes de sua obra. Paralelamente, seria possível apontar uma história evolutiva das elaborações sobre liberdade no interior da própria filosofia nietzschiana, à medida que o filósofo chega a novas conclusões sobre o passado e o futuro da liberdade. As diferentes camadas e aspectos dessa história é o que rastreamos aqui, seguindo os passos dos diferentes ideais de liberdade que Nietzsche elabora ao longo da obra.

32. Uma versão deste capítulo foi publicada na revista Modernos & Contemporâneos, 2023.

Este capítulo é guiado, portanto, pela questão "o que é, afinal, a liberdade em sentido nietzschiano?". Ao fim, esperamos ter deixado claro o ponto de vista de que, levando em consideração as mudanças e nuances apresentadas ao longo da obra, pode-se falar da liberdade nietzschiana não como uma condição de desobstrução do sujeito, mas como um compromisso valorativo construído a partir de uma *disposição* afetiva. Melhor dizendo, segundo nossa leitura, a filosofia nietzschiana é elaborada, em grande medida, a partir de um compromisso valorativo com algo que se identifica como um *instinto* de liberdade.

Esse impulso seria não só a última palavra de Nietzsche sobre a liberdade, mas também, em última instância, o lastro e motor dos diferentes discursos históricos a seu respeito, independentemente de seus equívocos. As diferentes formas de lidar com esse impulso farão com que, em diferentes momentos da história, o humano passe a ver-se livre, querer-se livre, a construir-se para a liberdade, em diferentes sentidos.

3.1 O espírito livre e a liberdade de pensamento

Pode-se argumentar que algo da filosofia nietzschiana da liberdade já está presente no dionisismo de *O Nascimento da Tragédia*. Mas o espírito livre, a que se dedica *Humano, demasiado humano*, é o primeiro personagem conceitual a tratar diretamente desse tema. Apesar de ser o destinatário de *Humano*, é apenas no aforismo §225 que encontramos uma definição direta desse personagem conceitual. O título do aforismo contém já uma indicação importante, ao informar que o "espírito livre" é um "conceito relativo", indicação esclarecida logo a seguir, quando se explica que a liberdade do espírito livre diz respeito às opiniões vigentes no tempo e espaço em que surge:

> É chamado de espírito livre aquele que pensa de modo diverso do que se esperaria com base em sua procedência, seu meio, sua posição e função, ou com base nas opiniões que predominam em seu tempo. (*HH*, §225).

De acordo com essa primeira informação, o traço distintivo do espírito livre seria uma vida intelectual desviante em relação às tendências impostas pelas suas condições sociais históricas. Ou seja: "Ele é a exceção, os espíritos cativos são a regra" (*HH*, §225). Portanto, no desenrolar do argumento, a "relatividade" do espírito refere-se, mais especificamente, às distâncias entre ele e seu antípoda, o "espírito cativo". Essa oposição é construída, portanto, em termos de liberdade intelectual, ou da falta dela. Do ponto de vista do "espírito cativo", o fato de que o "espírito livre" se destaca da norma tende a ser visto pejorativamente, como um antagonismo; segundo a interpretação cativa, esse desvio se deve a motivações pouco elevadas, como a excentricidade e a excitação mental (*HH*, §225).

Mesmo que o espírito cativo esteja ocasionalmente certo em relação a um eventual desejo do espírito livre de destacar-se da norma e agir em contradição com a moral, essas motivações seriam secundárias em relação ao traço típico do espírito livre, que é o seu engajamento intelectual, ou seja, seu compromisso pessoal com a busca da verdade. Isto não significa que o espírito livre esteja, invariavelmente, de posse da verdade, claro, mas indica uma disposição à liberdade de pensamento:

> De resto, não é próprio da essência do espírito livre ter opiniões mais corretas, mas sim ter se libertado da tradição, com felicidade ou com um fracasso. Normalmente, porém, ele terá a seu lado a verdade, ou pelo menos o espírito de busca da verdade: ele exige razões; os outros, fé. (*HH*, §225).

Esse perfil do espírito livre, traçado por contraste com o espírito cativo, delineia dois tipos de relação com as opiniões próprias, uma diferença que se reflete em diferentes modos de orientação prática. O espírito cativo se orienta pela fé em opiniões que herdou de fontes externas, às quais se habituou; a herança a que o espírito cativo se submete tem a ver com aquilo que a tradição lhe transmitiu por contiguidade espacial e histórica, e que adota passivamente:

> ele é cristão, por exemplo, não por ter conhecido as diversas religiões e ter escolhido entre elas; ele é inglês, não por haver se decidido pela Inglaterra, mas deparou com o cristianismo e o modo de ser inglês e os adotou sem razões, como alguém que, nascendo numa região vinícola, torna-se bebedor de vinho. (*HH*, §226).

Marcado por uma relação fundamentalmente não epistêmica com a crença, o espírito cativo torna-se menos disposto à revisão: "Mais tarde, já cristão e inglês, talvez tenha encontrado algumas razões em prol de seu hábito; podemos desbancar essas razões, não o desbancaremos na sua posição" (*HH*, §226). Sua relação com a crença é, então, da ordem da fé: "Habituar-se a princípios intelectuais sem razões é algo que chamamos de fé" (*HH*, §226). Ao alinhar-se com uma postura que é da ordem da fé e não das razões, o espírito cativo transfere a autoridade intelectual para uma instância externa, ou seja, ele opera uma "terceirização" da justificação das crenças.

Enquanto o espírito livre se move, fundamentalmente, por um projeto pessoal de conhecimento e autoconhecimento — portanto, por um referencial próprio, fundado em suas próprias experiências de conhecimento — o espírito cativo se alinha com as instituições externas, e lhes dá sustentação:

> Todos os Estados e ordens da sociedade: as classes, o matrimônio, a educação, o direito, adquirem força e duração apenas da fé que neles têm os espíritos cativos — ou seja, da ausência de razões, pelo menos da recusa de inquirir por razões. (*HH*, §227).

Apesar de sentir sua carência de razões como um *pudendum*, o espírito cativo aposta na promessa de bem-aventurança da tradição, uma aposta utilitária: "O Estado procede da mesma forma, na realidade, e todo pai educa o filho também assim: apenas tome isso por verdade, diz ele, e sentirá o bem que faz." (*HH*, §227). Essa profissão de fé esconde uma renúncia da correção epistêmica e um tipo de oportunismo:

> isso significa que a *verdade* de uma opinião seria demonstrada pela *utilidade* pessoal que encerra; que a vantagem de uma teoria garantiria sua certeza e seu fundamento intelectual. É como se um réu falasse no tribunal: meu defensor diz a verdade, pois vejam a consequência do seu discurso: serei absolvido. (*HH*, §227).

A relação do espírito cativo com as próprias crenças se baseia, então, numa adesão irrefletida à tradição, e esta, num cálculo cristalizado — e frequentemente defasado — de utilidade. Isto se traduz, na prática, em uma adesão irrefletida aos hábitos herdados, portanto numa rigidez de comportamento. Incapaz de assimilar o princípio de integridade intelectual que rege o espírito livre, o espírito cativo o toma por uma ameaça: "então dizem, ou sentem: ele não pode ter razão, pois nos prejudica." (*HH*, §227). Refém da educação que recebeu de fontes externas tradicionais, à qual não consegue reagir devido a sua própria "estreiteza" intelectual (*HH*, §228), o espírito cativo submete-se à *repetição* da regra: "Se o homem aparece inicialmente como algo desconhecido, que nunca existiu, deve ser transformado em algo já conhecido, já existente." (*HH*, §228).

Quando isso acontece é sinal, segundo Nietzsche, de que a rígida adesão ao parco repertório de opiniões e comportamentos da regra tornou-se "instinto pelo hábito". A evolução da obra nietzschiana cunhará uma expressão específica para referir-se a esse instinto: é o instinto de rebanho[33]. Ao se tornar dominante, esse instinto exige que o indivíduo sacrifique as "muitas possibilidades e direções da ação" (*HH*, §228) que se abririam caso houvesse uma relação mais pessoal com a miríade de impulsos que compõe cada pessoa, e a miríade de formas possíveis de arranjo e satisfação desses impulsos.

---

33. A expressão "instinto de rebanho" aparece pela primeira vez, na obra publicada, em *A Gaia Ciência*. Mas já no segundo volume de *Humano*, aparece a expressão aproximada: "humanidade de rebanho" (*Heerden-Menschheit*): *HH II, OS*, §233. Os fragmentos escritos ao longo de 1881 e 1882 registram vários ensaios com a ideia de rebanho: sentimento de rebanho / *Heerden-Gefühle* (*NF*-1881, 11 [185]); egoísmo de rebanho / *Heerden-Egoismus* (*NF*-1881, 12 [132]) e finalmente instinto de rebanho / *Heerden-Instinkt* (*NF*-1882, 3 [1]). Em *GC*, a expressão "instinto de rebanho" conta 5 ocorrências: *GC*, §50, §116, §117, §296, §328.

Por contraste, o espírito livre orientará sua relação com seus próprios impulsos, valores e necessidades, a partir de um referencial próprio, fundado em suas próprias experiências de conhecimento. Pode-se entender, então, que a liberdade do espírito livre se caracteriza por não se submeter passivamente à influência de fatores externos. Esses "fatores externos" se referem, primeiramente, pelo que vimos acima, às opiniões que circulam nos vários meios sociais, e que, via de regra, são tomadas acriticamente pelo espírito cativo. Vários trechos de *Humano* sugerem que esses fatores externos incluiriam todas as doutrinas morais, bem como as diversas atividades convencionais promovidas pelas instituições sociais, que formam o repertório comum a que a maioria das pessoas em seu tempo e espaço tenta se adequar. É precisamente destes fatores que o espírito livre se liberta, e o motor dessa libertação é seu compromisso com o conhecimento. Veja-se, por exemplo, o aforismo intitulado *Cautela do espírito livre*:

> Os homens de senso livre, que vivem apenas para o conhecimento, alcançarão logo o objetivo exterior de sua vida, sua posição definitiva ante a sociedade e o Estado, e se darão por satisfeitos, por exemplo, com um pequeno emprego ou fortuna que baste justamente para viver; pois se organizarão de modo tal que uma grande reviravolta nas condições externas, ou mesmo subversão da ordem política, não transtorne também a sua vida. Em todas essas coisas empregam o mínimo de energia, para, com toda a força acumulada e com grande fôlego, por assim dizer, mergulhar no conhecer. Assim podem ter a esperança de descer profundamente e talvez enxergar o fundo. — Um tal espírito gosta de tomar apenas a borda de uma experiência, não ama as coisas em toda a largueza e abundância de suas dobras: pois não quer se emaranhar nelas. — Ele também conhece os dias de semana e de cativeiro, de dependência, de serviço. Mas de quando em quando deverá ter um domingo de liberdade, de outro modo não terá como suportar a vida. — É provável que mesmo o seu amor aos homens seja cauteloso e de fôlego curto, pois ele não quer se envolver com o mundo das

> propensões e da cegueira mais do que o necessário para fins do conhecimento. Precisa confiar em que o gênio da justiça terá algo a dizer em favor do seu discípulo e protegido, se vozes acusadoras o qualificarem de pobre em amor. — Em seu modo de viver e pensar há um *heroísmo refinado*, que desdenha se oferecer à adoração das massas, como faz seu irmão mais rude, e anda em silêncio através do mundo e para fora dele. Não importa por quais labirintos vagueie, sob que rochas tenha se espremido sua torrente — chegando à luz ele segue o seu caminho, claro, leve, quase sem ruído, e deixa que o brilho do sol brinque no seu fundo. (*HH*, §291).

Um retrato mais nítido do espírito livre começa a se delinear, então. Nietzsche o concebe como alguém que submete suas próprias opiniões ao crivo das mais rigorosas exigências epistêmicas, incorporadas ao longo de uma vida dedicada à experiência do conhecimento — em especial, através da familiaridade com a disciplina científica. Essa dedicação, que o leva à proximidade de um "heroísmo refinado" sugere que o espírito livre é um filósofo, na acepção antiga do termo, ou seja, alguém capaz de construir um modo de vida excepcional a partir do conhecimento. E embora provavelmente conheça mais "dias de cativeiro" do que um filósofo grego, preza por seu "domingo de liberdade", ou seja, por um mínimo de ócio que o distingue do escravo. Ele será também alguém minimamente vulnerável a todas aquelas coisas que provêm da "fortuna", e que, portanto, estão fora de seu poder de ação: incluem-se aí as riquezas materiais, cargos, honrarias sociais e tudo aquilo que possa lhe ser retirado mediante uma "grande reviravolta nas condições externas". Mais ainda, entendendo a fatalidade de todos os acontecimentos, ele deve sentir-se "feliz por sua fortuna" (*HH*, §292).

Assim como os filósofos helenísticos, ele desconfia daquelas atividades públicas típicas de "seu irmão mais rude", o homem de ação que "busca a adoração das massas". De sua parte, cabe-lhe trilhar seu próprio "caminho de sabedoria" (*HH*, §292) e levar uma vida moderada do ponto de vista dos afetos.

Responsabilidade pelas próprias opiniões; aceitação do caráter externo e por isso incontrolável da fortuna; prudência em relação à vida pública e aos bens comumente desejados (riqueza, honrarias, influência, etc.); moderação dos afetos; compromisso com um ideal próprio de excelência: esse primeiro retrato do espírito livre revela-se, então, altamente compatível com o ideal do sábio estoico, tal como elaborado na antiguidade por Sêneca e Epiteto[34].

A escola estoica fornece, sabidamente, um precedente para a tentativa de formular uma versão da liberdade compatível com uma visão de mundo determinista e, portanto, inserida na mesma ordem de realidade da natureza. Assim como Nietzsche, os estoicos não têm um interesse moral pela ideia de liberdade. Ou seja: enquanto a tradição cristã buscou na ideia de livre-arbítrio um princípio de responsabilização e punição do sujeito, baseado em suas supostas "escolhas", o ideal estoico de liberdade, por outro lado, refere-se à construção de um modo de vida excelente e eudaimônico, a ser realizado excepcionalmente pelo filósofo. Isto confere um sentido fundamentalmente político ao tipo de liberdade que está em jogo, pois trata-se da liberdade de governar-se a si mesmo (RUTHERFORD, 2011, p. 6-7.).

Assim como o filósofo estoico, o espírito livre tem um forte componente de virtude, sua liberdade está intimamente relacionada a seu compromisso com a honestidade intelectual, que por sua vez se aproxima da ideia de justiça. Ao dedicar sua vida ao conhecimento, o espírito livre se torna um "discípulo e protegido" do "gênio da justiça" (*HH*, §291). Ao longo de todas as obras do período conhecido como "filosofia do espírito livre", há uma abundância de elementos que sugerem que liberdade, honestidade intelectual e justiça formam uma espécie de unidade constitutiva do espírito livre, por vezes aparecendo quase como equivalentes e intercambiáveis entre si[35]. Ao se libertar do jugo comum das opiniões, no exercício da própria probidade, o

34. Embora, em linhas gerais, essa caracterização talvez possa se aplicar a várias escolas socráticas. A menção ao "heroísmo refinado" daquele filósofo que não se expõe à adoração das massas (*HH*, §291) talvez o aproxime mais do filósofo epicurista. Agradeço a Oscar Santos por me chamar atenção para este último ponto. De todo modo, a distinção entre interno e externo, na discussão sobre destino e liberdade, é típica do estoicismo.

35. Essa caracterização do espírito livre não implica necessariamente que Nietzsche tenha desenvolvido uma ética das virtudes ao modo antigo ou no sentido de suas reconstruções contemporâneas. Sobre as leituras que atribuem a Nietzsche uma ética das virtudes ver Lopes, 2013; Medrado, 2017.

espírito livre extrai uma conclusão sobre o caráter arbitrário das avaliações e o caráter inflacionário das práticas de punição; o próprio exercício da retidão exige que reconheça cada coisa como ela é, segundo os melhores métodos disponíveis, o que seria também um pré-requisito para o exercício da justiça entendida como "dar a cada um o que é seu" (*HH*, §105).

Um certo intelectualismo compõe tanto o ambiente de *Humano* quanto o estoicismo, porque em ambos os casos a liberdade depende de algum tipo de correção epistêmica, e refere-se, primariamente, à esfera da "interioridade".

O problema com este retrato do espírito livre é que ele pode encobrir as significativas divergências de Nietzsche em relação ao estoicismo. Este primeiro retrato precisa ser nuançado.

O ponto central da divergência entre Nietzsche e os estoicos se deve a que os estoicos acreditam poder encontrar na natureza, via investigação racional, uma norma de conduta. É verdade que, semelhante aos estoicos, a orientação virtuosa do espírito livre depende de conhecimento da natureza, de sua própria natureza e do ambiente natural e cultural em que se insere, mas ainda assim há divergências significativas, pois esse ponto envolve duas premissas que Nietzsche recusa — cada vez mais veementemente no desenrolar da obra: a primeira tem a ver com uma ênfase, segundo Nietzsche, equivocada, no poder motivacional e normativo da razão "natural"; a segunda é a suposição estoica de que haveria uma íntima homologia entre razão e natureza, de modo que a razão seria capaz de encontrar um modo de viver *conforme* a natureza; ou seja, a divergência com os estoicos passa por um pessimismo quanto aos poderes da razão de desvelar a natureza e a ela adequar a ação.

De acordo com Nietzsche, essas são pretensões insustentáveis, já que, ao contrário das expectativas estoicas, a investigação da natureza revela, na verdade, a precariedade da razão e a falsificação envolvida em todos os nossos juízos de valor. Embora a ênfase no traço intelectual do espírito livre, e a indicação de que sua liberdade é, primeiramente, uma liberdade de opinião, possam sugerir uma proximidade com o ideal estoico de controle racional, *Humano* está repleto de passagens que apontam o funcionamento meramente gerencial da razão. Por outro lado, são abundantes as intuições sobre a influência dos afetos na atividade racional, intuições que se tornarão cada vez mais claras na obra nietzschiana. Ainda, para Nietzsche a realidade do devir seria fundamentalmente inacessível à atividade intelectual, já que esta depende da construção de um sentido fictício de estabilidade, e, portanto, atua como uma falsificação da natureza. A exemplo do próprio Nietzsche, a "maior qualidade intelectual" do espírito livre tenderia a torna-lo mais cônscio das armadilhas intelectuais a que estamos sujeitos, e da impossibilidade de abrir um caminho direto para a essência das coisas.

Há um traço eminentemente cético na relação do espírito livre com o conhecimento. Enquanto o sábio estoico acredita encontrar a essência do valor e da virtude na própria natureza das coisas, via investigação racional, o espírito livre retorna de seus estudos sobre a história dos valores com uma série de dúvidas. Ele está diante, portanto, de um problema prático, já que se recusa a seguir passivamente a moda vigente em seu meio, ao mesmo tempo em que está impedido de acreditar em algumas premissas fundamentais do modelo antigo de vida filosófica. Ou seja, falta ao espírito livre a fé cega nos valores da tradição, aquela fé do espírito cativo. Por outro lado, diferentemente dos estoicos, sua busca por conhecimento não o faz deduzir a norma da própria natureza das coisas, e suas investigações sobre o funcionamento da razão não resultam na antiga confiança que os estoicos lhe depositavam.

Essa busca pela verdade o levará, fatalmente, a uma conclusão quanto à precariedade das estimativas de valor, em geral, conclusão que o próprio Nietzsche extrai a partir de uma série de diferentes premissas: seja porque esses valores decorrem de um cálculo de utilidade cristalizado e desatualizado (*HH*, §97); seja porque eles são o resultado de imemoriais disputas de poder entre antigos grupos (*HH*, §45, §96); ou porque são uma expressão equívoca e coisificada de nossas reações de aversão e inclinação, e estas reações, elas mesmas, fruto do funcionamento de impulsos que mal conhecemos (*HH*, §32, §39, §53), em um mundo concebido como devir que não oferece qualquer contrapartida essencial aos juízos de "bem" e "mal" (*HH*, §1, §4, §16, §18).

Uma relação tensa com os valores começa a se destacar, então, como uma característica do espírito livre. Por princípio de integridade intelectual, a ele não é permitida qualquer ilusão quanto ao caráter arbitrário das avaliações, quanto ao processo acidentado que faz com que algo se torne valioso. Por outro lado, não pode abdicar de atribuir valor às coisas e acontecimentos porque esta é, afinal, uma função vital, embutida já a nível dos impulsos:

> A consequência disso tudo seria, talvez, que de modo algum deveríamos julgar; mas se ao menos pudéssemos *viver* sem avaliar, sem ter aversão e inclinação! — pois toda aversão está ligada a uma avaliação, e igualmente toda inclinação. Um impulso em direção ou para longe de algo, sem o sentimento de querer o que é proveitoso ou se esquivar do que é nocivo, um impulso sem uma espécie de avaliação cognitiva sobre o valor do objetivo, não existe no homem. De antemão somos seres ilógicos e por isso injustos, e *capazes de reconhecer isto*: eis uma das maiores e mais insolúveis desarmonias da existência. (*HH*, §32).

Ciente dessa desarmonia, o espírito livre pode padecer de certa hesitação prática:

> *Esprit fort* [espírito forte]: Comparado àquele que tem a tradição a seu lado e não precisa de razões para seus atos, o espírito livre é sempre débil, sobretudo na ação; pois ele conhece demasiados motivos e pontos de vista, e por isso tem a mão insegura, não exercitada. Que meios existem para torna-lo *relativamente forte*, de modo que ao menos se afirme e não pereça inutilmente? Como se forma o espírito forte (*esprit fort*)? Este é, num caso particular, o problema da produção do gênio. De onde vem essa energia, a força inflexível, a perseverança com que alguém, opondo-se à tradição, procura um conhecimento inteiramente individual no mundo? (*HH*, §230).

Considerando que o espírito livre seria um "caso específico" de genialidade (*HH*, §231), busca-se uma primeira resposta para o problema da orientação prática do espírito livre no estudo da produção do gênio, significativamente comparando-o a alguém que foi tomado como prisioneiro, ou que se perdeu numa floresta, de modo que "busca meios para sua libertação, utilizando fria e pacientemente cada ínfima vantagem" e por sua força extraordinária "descobre às vezes um caminho que ninguém conhece" (*HH*, §231). No contexto da filosofia do espírito livre, faz sentido pensar essa "prisão" ou esse labirinto como o conjunto das avaliações herdadas, cuja fragilidade ou inadequação é facilmente farejada pelo espírito livre. O espírito livre é, assim, seu próprio avalista, pois é seu próprio impulso ao conhecimento o que sustenta um modo experimentalista de viver.

Pode-se dizer que a primeira tarefa que se coloca para o espírito livre é justamente o trabalho negativo de desconstrução cética das opiniões e valores herdados[36]. Sua contrapartida "positiva" seria a construção de um modo de vida dedicado à experimentação, movido cardinalmente por um impulso ao conhecimento e balizado pelo princípio de libertação em relação às coisas "externas", dentre as quais se incluem as opiniões morais, mas também os preceitos e práticas institucionais, como um todo. Isso traz a filosofia do espírito livre, mais uma vez, para perto do estoicismo, ao mesmo tempo em que reatualiza um tema caro a todas as escolas helenísticas, que é a agenda de cuidado com as "coisas próximas".

3.2 Não mais envergonhar-se de si mesmo

O apelo à moderação dos afetos, marcante na filosofia do espírito livre, se desdobra também em um modesto programa de intervenção cultural. Ciente de que a "exceção" não deve pretender "tornar-se regra"

36. Ver: Lopes, 2008; Rutherford, 2011. A presença do ceticismo como recurso intelectual e horizonte ético na filosofia do espírito livre, onde ocupa um lugar central, foi minuciosamente analisada no trabalho de Lopes, 2008.

(*GC*, §76), o espírito livre não planeja liderar grandes revoluções, tampouco converter as massas cativas a seu tipo de liberdade. O espaço de exercício da liberdade do espírito livre parece se restringir, assim, ao âmbito estritamente pessoal, de modo que, no desenrolar da filosofia do espírito livre, essa liberdade assume, em muitos momentos, os contornos de uma reconciliação psicológica consigo mesmo e com seu próprio destino.

O espírito livre parece menos preocupado em alterar as regras em larga escala do que em desvencilhar-se do efeito subjetivo que decorre da vergonha socialmente imputada àquele que se desvia da regra. Assim, em *A Gaia Ciência*, a liberdade é definida, memoravelmente, pela fórmula "não mais envergonhar-se de si mesmo" (*GC*, §275). O trabalho pessoal de se libertar das imputações inflacionárias da vergonha parece levar, por correlação, à deflação do instinto gregário, de modo a neutralizar a má consciência em torno da própria individualidade.

Tomar-se a si mesmo como um indivíduo seria a expressão decisiva da liberdade. A história desse exercício de individualidade é marcada pela excepcionalidade, pela constante tensão com a norma que rege a maioria formada por todos aqueles que não agem de modo individual. Assim, Nietzsche vê a ascensão da boa consciência com a própria individualidade, nas experiências em que se pode "Estar só, sentir particularmente, não obedecer nem mandar, ter significado como indivíduo" como o maior sinal de evolução da cultura de seu tempo, em contraste com o antigo "remorso de rebanho" (*GC*, §117). Ainda nesse sentido, o aforismo 143 de *A Gaia Ciência* traz um elogio ao politeísmo por ter, pela primeira vez, admitido "o luxo de haver indivíduos (...) a liberdade que se concedia a um deus, relativamente aos outros deuses, terminou por ser dada a si mesmo, em relação a leis, costumes e vizinhos" (*GC*, §143); o direito de ser indivíduo, tão lentamente conquistado, se exerceria como atividade de auto legislação, de criar leis para si mesmo (*GC*, §335).

Em *A Gaia Ciência*, esse programa de cultivo da liberdade enfatizará o preceito de conferir estilo ao próprio caráter, levando a uma aproximação, mais ou menos metafórica, entre a ética individual e os princípios estéticos. Entendendo o estilo como um traço pessoal, único, que se manifesta a partir daquilo que alguém tem de mais íntimo, a tarefa de conferir estilo ao próprio caráter estaria em cultivar esse traço até que ele tome a forma de um gosto próprio, um gosto capaz de ordenar os outros traços pessoais.

Ao tratar desse tema em *GC* §290, o vocabulário estético do gosto — a comparação de si com a obra de arte, a referência às categorias do belo, feio e sublime, ao prazer do olhar, ao jogo de revelação e ocultamento, da contemplação, da reinterpretação, etc. — todo esse arcabouço é aplicado ao material da "primeira natureza" e "segunda natureza", e seria possível identificar sem muitas dificuldades essa primeira natureza como os impulsos hereditários, e a segunda como os acréscimos incorporados de costumes, valores, opiniões, hábitos, etc..

A escolha pelo vocabulário estético para se referir a esse processo de construção de si tem um efeito interessante — ela reforça o sentido não intelectual, ou não inteiramente racional, desse processo. O cultivo de si, mediante o qual o espírito livre se liberta da vergonha socialmente imputada e passa a uma relação mais satisfatória e profícua com aquilo que tem de mais pessoal — esse processo não decorre estritamente de uma deliberação racional, mas é um exercício de sensibilidade, de gosto[37]. Ao fim e ao cabo, o que importa é que haja um único gosto predominante e organizador: "basta que tenha sido um só gosto" (*GC*, §290), pois é através dessa organização hierárquica que se atinge a autonomia de quem constrói a si mesmo segundo "sua própria lei" (*GC*, §290).

Esse trabalho de construção de si, mediante o qual o caráter individual adquire estilo por submissão a sua própria lei — ou seja, torna-se, de fato, um caráter individual — contrasta com a atividade dos "caracteres fracos", que seriam aqueles que não suportam tomar responsabilidade por sua

37. O que, mais uma vez, marca uma distância entre Nietzsche e as alternativas compatibilistas da tradição, como Spinoza e os estoicos. Spinoza conta como um importante antecedente por pensar a liberdade em termos de potência, o ato livre como aquele em que se age de acordo com a própria potência; diferentemente de Nietzsche, no entanto, e em consonância com os estoicos, Spinoza concebe o ato livre como decorrência de deliberação racional. É possível dizer que Nietzsche extrapola Spinoza ao pensar também a razão como um instrumento dos afetos, e o conhecimento como um resultado destes; esse diálogo com Spinoza sobre o tema é registrado em *GC*, §333. Ver também Rutherford (2011).

própria organização e cultivo. A liberdade do espírito livre contradiz, assim, certo imaginário romântico da liberdade como a condição em que se pode "dar livre curso à natureza" (*GC*, §290).

É esse trabalho de estilização que afiança o processo de superação da vergonha, e a liberdade assim conquistada viria ao encontro da necessidade de "sentir-se satisfeito consigo mesmo" (*GC*, §290).

Muito se tem discutido sobre a interpretação desse espaço de liberdade do espírito livre. Se a liberdade que está em jogo em *A Gaia Ciência* é a liberdade de "não mais envergonhar-se de si mesmo" e essa libertação depende, por sua vez, de uma mudança de autoimagem, alcançada através de uma espécie de jogo de luz e sombras que é o exercício de "conferir estilo ao próprio caráter", mediante o qual alguém pode se tornar "satisfeito consigo mesmo" — se é esse o roteiro da liberdade nietzschiana, cria-se a impressão de que tal liberdade está no terreno da conciliação psicológica. Uma leitura plausível do tratamento dado ao tema levaria a crer, então, que o que está em jogo não é exatamente ser livre, mas sentir-se livre.

Essa leitura, a um tempo estética e psicológica, circunscreveria o espaço da liberdade no campo do simbólico. Por isso ela talvez não dê conta de abarcar todas as implicações da ideia de que ao mudarmos a relação entre os afetos, há impacto em algo na ordem do real. Ou seja, o que está em jogo não parece ser algo meramente da ordem da *ressignificação* das estruturas pulsionais e valorativas atuais, mas uma mudança a nível fisiológico. A liberdade que se tem em vista, ao adentrar o campo do fisiológico, é trazida para o campo político — já que o corpo próprio, forjado no conflito entre impulsos e valores, é pensado a partir do modelo das dinâmicas próprias à vida política. Essa *grande política* refere-se tanto aos embates dos impulsos entre si quanto às negociações e enfrentamentos sociais através dos quais esses impulsos podem se sustentar. E isso fica cada vez mais claro no desenrolar da filosofia nietzschiana

A conclusão a que se chega, portanto, ao seguir o percurso cronológico da obra, é que Nietzsche parece deslocar seu discurso positivo sobre a liberdade, gradativamente, do campo intelectual das opiniões e crenças valorativas, passando pelo campo psicológico do simbólico, até chegar ao campo político dos afetos, um movimento que acompanha as reelaborações nietzschianas sobre a distinção entre "subjetivo" e "objetivo". Mais uma vez, é o desenvolvimento desse modelo — o modelo da política dos afetos — que reorganizará as formulações de liberdade na obra madura. É possível rastrear essa mudança ao seguir a pista das ocorrências, cada vez mais frequentes e elaboradas, do vocabulário da vontade.

A ideia de vontade livre aparece já no Livro V de *A Gaia Ciência*[38], num aforismo importante. Essa passagem não só contrapõe o espírito livre à atitude de fé típica do espírito cativo, o que já havia sido feito em *Humano*, mas reinterpreta a própria necessidade de fé como uma espécie de fraqueza da vontade. Por outro lado, somente uma vontade forte poderia levar o espírito livre a recusar as certezas estabelecidas por instâncias externas, sejam elas as certezas da religião ou o "tu deves" da moral; recusando a tutela dessas instâncias, o espírito livre abre um caminho de autonomia (*GC*, §347).

No *Zaratustra*, a primeira menção importante ao tema da liberdade se dá no discurso sobre as Três Metamorfoses do Espírito. As três figuras que ilustram essa passagem podem ser lidas como diferentes figurações da liberdade. O camelo se refere à liberdade como responsabilidade, e remete ao sentido kantiano de obediência ao dever. Já o leão representa uma libertação dessa primeira figura, pois tem a força de insurgir-se contra o "tu deves", contra os deveres morais passivamente absorvidos pelo camelo: "Criar liberdade para si e um sagrado Não também ante o dever: para isso, meus irmãos, é necessário o leão" (*ZA*, I, Das três metamorfoses, p. 28). À primeira figura, da obediência, contrapõe-se a figura da desobediência, acompanhada por um alerta de que o leão é uma figuração parcial da liberdade, ele representa um estágio incompleto, pois lhe falta a capacidade de criar valores. É possível imaginar que essa segunda figura remeta aos traços do próprio espírito livre, com sua filosofia do desvio, independência intelectual e retorno a si. Enquanto uma figura intermediária, o leão é capaz de "criar liberdade para a criação" (*ZA*, I, Das três metamorfoses, p. 28). Em seguida, a forma mais alta da liberdade, entendida como liberdade de criar valores, é apresentada na figura da criança,

38. Acrescentado em 1887 e escrito na mesma época do *Zaratustra*.

que introduz um elemento novo e fundamental, que é a própria vontade; apenas nesse estágio se atinge a capacidade de "dizer sim" à própria *vontade*.

Essa passagem de Zaratustra sinaliza, portanto, o papel reorganizador que o conceito de vontade cumprirá na filosofia madura de Nietzsche, pois através dele será possível uma nova elaboração da dinâmica de valores. É na perspectiva da "transvaloração dos valores" que se pode falar de liberdade como um valor plena e propriamente nietzschiano. O instrumento que permitirá essa reorganização será a abordagem genealógica.

3.3 O indivíduo soberano

Uma nova figuração da liberdade é apresentada na *Genealogia da Moral*, sob o signo do indivíduo soberano. Os pressupostos e consequências a serem extraídas a partir dessa figura têm sido, desde então, muito discutidos pelos comentadores. Mas antes de adentrarmos a análise da única e memorável ocorrência em que o indivíduo soberano vem a público, seria interessante percorrer as importantes indicações sobre liberdade trazidas por Nietzsche em *Além de Bem e Mal*, livro a que a *Genealogia* serve como apêndice.

Escrito logo após o *Zaratustra*, *Além de bem e mal* traz uma versão conceitualmente mais elaborada das intuições comunicadas de forma poética no livro anterior. É em *ABM* que encontramos a mais importante ocorrência da ideia de vontade de poder, a única na obra publicada a sugerir sua ampliação como uma hipótese interpretativa capaz de se referir à totalidade dos acontecimentos causais (*ABM*, §36). O livro traz ainda importantes aplicações, articulações e experimentos com a ideia de vontade, seja para pensar os fenômenos psicológicos ou o desenvolvimento social da moral. Dentre essas ocorrências, ressaltam-se um diálogo direto com a noção schopenhaueriana de vontade (*ABM*, §16, §19), a formulação da ideia de vontade forte e vontade fraca como um princípio (formal e meramente esboçado) de avaliação das ações (*ABM*, §21), e a proposta de uma nova psicologia moral fundada a partir de uma "*teoria da evolução da vontade de poder*" (*ABM*, §23). Significativamente, este aforismo articula a ideia de vontade forte e fraca com uma revisão genealógica sobre a origem da ideia de liberdade como livre-arbítrio.

Seria possível reconstituir a argumentação desenvolvida nessas passagens da seguinte forma: a ideia de liberdade da vontade, ou a percepção de que um ato se dá de forma *voluntária* tem origem numa percepção simplificada e distorcida dos processos subjetivos, que ao contrário da sugestão de Schopenhauer, não são um acontecimento simples, mas antes, "algo *complicado*, algo que somente como palavra constitui uma unidade" (*ABM*, §19). Nos fenômenos de vontade haveria uma complexa relação de comando e obediência no interior da pluralidade social de impulsos que compõem um corpo.

O que, em geral, se identifica como vontade seria, na verdade, a atividade de um impulso que, ao conseguir granjear a colaboração dos outros impulsos, traz à tona a sensação de um "afeto de comando" (*ABM*, §19). Quando essa relação de comando e obediência é bem sucedida, leva a uma mudança de estado em qualquer sentido, mesmo no nível "muscular" do indivíduo, e assim produz-se uma sensação de confiança na própria capacidade agencial. Já que a consciência não tem acesso às negociações pulsionais envolvidas na vontade, mas apenas ao afeto superveniente, esse afeto é interpretado equivocamente, ou seja, cria-se a impressão de que foi aquele afeto de comando, isoladamente, o fator necessário e suficiente para provocar essa mudança. Esta seria a origem da impressão de que a "vontade" é, isoladamente, eficiente, através de um mecanismo em que o "sintético conceito de 'eu'" encobre as múltiplas operações e negociações entre a sociedade de impulsos envolvida no ato. Nietzsche resume esse efeito psicológico da sensação de eficiência da vontade de forma memorável: "*L'effect c'est moi* [O efeito sou eu]: ocorre aqui o mesmo que em toda comunidade bem construída e feliz, a classe regente se identifica com os êxitos da comunidade" (*ABM*, §19).

A má compreensão da negociação entre os impulsos é identificada como o grau zero, do ponto de vista psicológico, da ideia de liberdade em sua formulação mais comum, como livre-arbítrio: "O que é chamado 'livre-arbítrio' é, essencialmente, o afeto de superioridade em relação àquele que tem que obedecer" (*ABM*, §19). Nesse sentido seria possível dizer, no contexto da filosofia madura de Nietzsche, que a primeira figuração da liberdade é a própria aparência ou sensação de liberdade, ou ainda, em outros termos, o próprio sentimento de poder desencadeado pelo sucesso de um impulso e sentido como um afeto dominante, seja ele qual for, e onde quer que se manifeste: seja no interior do corpo pessoal ou de uma população.

Essa sensação ou afeto de comando, ao encobrir todo o processo fisiológico envolvido na agência, seria o material básico de um discurso no fundo ficcional, um discurso que atribui erroneamente toda efetividade causal a um Eu, instância consciente e racional supostamente capaz de sediar soberanamente a deliberação sobre o conjunto de opiniões e interesses a sua disposição.

Para além do indivíduo, também no plano social o sentimento de liberdade aparece associado ao orgulho e às atividades de comando. É isso que se sugere a seguir, em *ABM*, §21, onde se encontra a ideia de que o livre-arbítrio é uma reivindicação das "raças vaidosas", aquelas que "não querem por preço algum abandonar sua 'responsabilidade', a fé em si, o direito pessoal ao *seu* mérito" (*ABM*, §21).

Isto não implica, é claro, que essas classes tenham chegado a uma compreensão precisa e realista sobre si mesmas e seus impulsos. Nietzsche não hesita em qualificar essa espécie de orgulho como o motor de um discurso "absurdo", já que esse "anseio de carregar a responsabilidade última pelas próprias ações" faz com que, com a temeridade de um barão de Münchhausen, tomem a si mesmas como "*causa sui*", em completa ignorância do complexo processo em que se inserem suas ações. A percepção que as "raças vaidosas" têm de si mesmas, é, portanto, tão mitológica quanto a percepção contrária, que se origina naqueles que "não desejam se responsabilizar por nada, ser culpados de nada, e, a partir de um autodesprezo interior, querem depositar o fardo de si mesmos em algum outro lugar" (*ABM*, §21); este último caso ilustra a motivação básica por trás dos esforços no sentido de negar sumariamente a causalidade da vontade e enxergar toda ação em termos de um "cativo-arbítrio".

Essa conclusão sobre os equívocos engendrados pela experiência, individual ou social, da "liberdade" não deve, no entanto, obliterar a ideia de que tais equívocos seriam, de fato, sintomáticos das relações de poder nas quais estão inseridos. Para além dos equívocos, há uma conclusão a mais a ser extraída do ponto de vista da "teoria da evolução da vontade de poder": a de que essa vontade de assumir responsabilidade pelos próprios atos conta positivamente como expressão de uma vontade forte, ou seja, de um organismo em que o impulso dominante está acostumado a angariar com sucesso o apoio dos outros impulsos.

Ao recuperar a história do desenvolvimento da ideia de liberdade — uma história acidentada, cheia de distorções e pouco consciente de si mesma, e por isso mesmo, tão condizente com qualquer história contada segundo a abordagem genealógica — Nietzsche prepara o terreno para apresentar sua própria concepção positiva de liberdade. Segundo sua narrativa, a história da disseminação de diferentes ideais de liberdade teria deixado algum rastro civilizacional, proporcionando um acúmulo de material que será usado para repensar a possibilidade de liberdade no contexto supramoral para o qual pretende contribuir com sua própria filosofia. Mais especificamente, a vontade de assumir responsabilidade pelas próprias ações aparecerá, em *A Genealogia da Moral*, como o componente fundamental de uma nova figuração da liberdade, a liberdade do indivíduo soberano.

Esse novo personagem conceitual é apresentado como o resultado final, e mais perfeito, do longo processo civilizatório que tem na moralidade dos costumes a sua pré-história. O longo e acidentado percurso que leva a seu surgimento corresponde à história do desenvolvimento e fixação de um senso de responsabilidade, com suas exigências de constância, unidade e força de vontade que tornaram o homem confiável (*GM*, II, §2). Vejamos:

> (...) encontramos então, como fruto mais maduro da sua árvore, o *indivíduo soberano*, igual apenas a si mesmo, novamente liberado da moralidade do costume, indivíduo autônomo e supramoral (pois "autônomo" e "moral" se excluem), em suma, o homem da vontade própria, duradoura e independente, o que pode *fazer promessas* — e nele encontramos, vibrante em cada músculo, uma orgulhosa consciência *do que* foi finalmente alcançado e está nele encarnado, uma verdadeira

> consciência de poder e liberdade, um sentimento de realização. Este liberto ao qual é *permitido* prometer, este senhor do *livre*-arbítrio, este soberano — como não saberia ele da superioridade que assim possui sobre todos os que não podem prometer e responder por si, quanta confiança, quanto temor, quanta reverência desperta — ele *"merece"* as três coisas — e como, com esse domínio sobre si, lhe é dado também o domínio sobre as circunstâncias, sobre a natureza e todas as criaturas menos seguras e mais pobres de vontade? O homem "livre", o possuidor de uma duradoura e inquebrantável vontade, tem nesta posse a *sua medida de valor*: olhando para os outros a partir de si, ele honra ou despreza; e tão necessariamente quanto honra os seus iguais, os fortes e confiáveis (os que *podem* prometer) — ou seja, todo aquele que promete como um soberano, de modo raro, com peso e lentidão, e que é avaro com sua confiança, que *distingue* quando confia, que dá sua palavra como algo seguro porque sabe que é forte o bastante para mantê-la contra o que for adverso, mesmo "contra o destino" (...). O orgulhoso conhecimento do privilégio extraordinário da *responsabilidade*, a consciência dessa rara liberdade, desse poder sobre si mesmo e o destino, desceu nele até sua mais íntima profundeza e tornou-se instinto, instinto dominante — como chamará ele a esse instinto dominante, supondo que necessite de uma palavra para ele? Mas não há dúvida: este homem soberano o chama de sua *consciência*... (*GM*, II, §2).

Esta passagem tem suscitado as mais diversas interpretações entre os comentadores. É possível entende-la como uma síntese dos aspectos fundamentais que compuseram as figurações da liberdade até então, esta é a nossa interpretação. Assim como o espírito livre, o indivíduo soberano seria alguém que se libertou do jugo da moral e pode, portanto, assumir um papel de autolegislador, um referencial normativo próprio, "pois 'autônomo' e 'moral' se excluem". Por outro lado, enquanto as primeiras caracterizações do espírito livre apontavam certa hesitação no campo dos valores, aqui, num momento em que há maior clareza sobre a ideia de filosofia como criação de valor, é dito que o indivíduo soberano já possui, como anunciado no *Zaratustra*, a sua própria "medida de valor".

Essa medida de valor faz referência ao operador próprio da filosofia madura de Nietzsche: a vontade, no caso, a própria vontade do indivíduo soberano, uma vontade "duradoura e independente". O indivíduo soberano é aquele que conquistou autonomia para estabelecer sua própria medida de valor a partir de sua vontade. Assim como o tipo nobre, o indivíduo soberano "honra e despreza" a partir de um referencial próprio, "a partir de si"; por outro lado, diferente da impulsividade nobre, o indivíduo soberano tem conhecimento e "consciência" de seu "privilégio", do caráter excepcional de sua "responsabilidade".

Alguns comentadores traçaram paralelos entre o indivíduo soberano e os ideais iluministas de autonomia, como os de Kant. Não é difícil, por outro lado, perceber a distância entre os dois ideais, pois para Kant agir com autonomia é precisamente agir de acordo com a lei moral. Entre outros comentadores, Donald Rutherford aponta que o indivíduo autônomo de Kant é aquele que, pela razão, reconhece e livremente se adequa a padrões de correção objetivos e universais, independentemente de suas inclinações e interesses pessoais, enquanto o indivíduo soberano faz referência a uma forma mais radical de autonomia, ao estabelecer para si seus próprios padrões de correção:

> A forma como Nietzsche enxerga a relação entre os juízos de valor e o indivíduo é mais radical. Para ele, um indivíduo autônomo não é simplesmente alguém capaz de decidir questões de valor por si mesmo. Ele é alguém que reconhece a si mesmo, e não a razão, a comunidade, ou Deus, como a última instância de arbítrio de valor sobre pessoas, ações e coisas. (Rutherford, 2017, p. 527, tradução livre).

No indivíduo soberano, é a própria força da sua vontade que se torna o lastro de suas atribuições de valor.

Nessa passagem, curiosamente, Nietzsche admite alguma reabilitação da ideia de livre-arbítrio, reeditada e reassimilada, porque investida de um sentido muito específico, enquanto *vontade* de assumir responsabilidade por si. No contexto da *Genealogia*, após intenso e extenso trabalho de crítica à ideia de livre-arbítrio e seu impacto na cultura, faz sentido pensar que se trata de um uso *polêmico* do termo, como um modo de conclamar os leitores a um novo ponto de vista sobre conceitos levantados por outros filósofos (LEITER, 2011, BRUSOTTI, 2023).

Para não perder de vista o que há de desconstrução e reconstrução nessa polêmica, vale lembrar que uma coisa é a suposição de que o indivíduo pode ser responsabilizado, punido ou recompensado, por ter escolhido agir de certa forma quando outra escolha era possível, suposição comum aos discursos de livre-arbítrio combatidos por Nietzsche; outra coisa seria a condição excepcional de um indivíduo que é forte o bastante para reivindicar a autoria de seus próprios atos, única condição em que se poderia dizer que ele é, em termos nietzschianos, livre.

A ideia de "vontade de responsabilidade" reaparece na terceira dissertação da *Genealogia*, imediatamente antes de uma nova ocorrência da "*liberdade da vontade*", e é reafirmada nas obras subsequentes, mais claramente em *Crepúsculo dos Ídolos*: "Pois o que é a liberdade? Ter a vontade da responsabilidade por si próprio." (*CI*, IX, §38).

Essa capacidade extraordinária de agência, na forma de uma "duradoura e inquebrantável" vontade, que torna o soberano apto a manter sua palavra contra toda adversidade, decorreria de uma conformação subjetiva única, que tem a ver com a capacidade desses indivíduos excepcionais de se organizarem a partir de um instinto dominante.

Há aqui uma ideia que data pelo menos de *A Gaia Ciência* e que vai sendo reelaborada em toda a obra subsequente, que é a ideia de que a plena constituição de um Eu depende de que um instinto se torne dominante e imponha uma estrutura hierárquica à pluralidade de instintos que constituem o sujeito enquanto uma comunidade de muitas almas[39]. Ou seja, a ideia é que apenas os indivíduos que atingem esse tipo de integridade e integração de impulsos e valores chegam a alcançar um grau de autonomia

39. Ver Richardson, 2009, p. 136; Gemes, 2009, p. 38; Rutherford, 2011, p 23. Katsafanas, 2016, cap. 7 argumenta que a existência de um impulso dominante não é o suficiente para estabelecer o tipo de unidade que Nietzsche atribui aos indivíduos mais plenamente realizados.

pessoal, de modo que sua atividade possa ser genuinamente identificada como a ação de um Eu. Por outro lado, quem falha em desenvolver esse tipo de integração dos impulsos está em geral sujeito à pressão desordenada de impulsos e valores, e a um tipo de comportamento que está aquém da agência em sentido pleno. Essa revisão da noção de Eu, e da agência em geral, é um pré-requisito para a reabilitação da noção de liberdade, que parece ser o objetivo da inserção do indivíduo soberano na obra[40].

A caracterização nietzschiana do indivíduo soberano não deixa de ser um tanto instigante; as linhas finais da passagem, em especial, dão espaço a uma série de questões. A começar pela afirmação de que o indivíduo soberano entende esse instinto dominante como sua "consciência": como pode um instinto *ser* a consciência? Do ponto de vista de qualquer acepção usual, como parecem contrários, instinto e consciência! Mais instigante ainda, somos informados de que esse instinto tem uma história peculiar: foi algo consciente que *tornou-se* instinto ao "descer" até à "natureza mais íntima" do indivíduo soberano, que o reconhece, enfim, como sua consciência. Como algo consciente pode se tornar instinto, que então se torna consciência? Que instinto é esse, exatamente? A resposta, ao que tudo indica, deve ser buscada de modo genealógico.

3.4 Instinto de liberdade e dionisismo

Como se sabe, a *Genealogia da Moral* elabora uma narrativa a partir da tipificação de duas formas de vida moral, ou duas perspectivas valorativas, expressas na moral de senhor e moral de escravo. A abordagem genealógica toma essas duas formas de criação moral como expressão (afirmativa ou negativa) das condições de poder em que senhor e escravo se encontram. Nessa história dos sentimentos e opiniões morais, os valores seriam os frutos

40. Solomon (2002, p. 83) chama atenção para o fato de que ao pensar a ideia de responsabilidade dissociada da concepção kantiana de autodeterminação da vontade, não é preciso renunciar a qualquer ideia de agência e responsabilidade num sentido mais amplo e comum.

das condições de poder que configuram cada perspectiva. Em última instância, as avaliações expressariam diferentes arranjos, diferentes formas de satisfação dos impulsos que estão em jogo numa dada população, numa certa época. Desse modo, a *Genealogia* é também a história da organização, coerção, expressão e cooptação dos impulsos ao longo de várias etapas do processo civilizacional, que começa com as penosas mnemotécnicas da moralidade dos costumes e leva até as formas mais espirituais da moral cristã, ou, se a aposta de Nietzsche estiver correta, à sua superação.

A visada genealógica leva à conclusão de que a criação de valores reflete certa espontaneidade, que é a espontaneidade do próprio mecanismo de satisfação dos impulsos. Bem entendido: enquanto a entrada na cultura implica sempre algum grau de perda da espontaneidade natural dos impulsos (*GM,* II, §16; *ABM*, §188; ver também RICHARDSON, 2006, 2009), os produtos culturais refletem, mesmo que de modo enviesado, a satisfação desses impulsos.

A espontaneidade original dos impulsos é filtrada ou reconduzida por diferentes situações civilizacionais, de modo que, na *Genealogia*, identificam-se formas de avaliação gradativamente mais espontâneas, tendo como polarização arquetípica o modo nobre de valorar, assumindo uma relação mais imediata e afirmativa com seus próprios impulsos, e o modo escravo, reagente àquele.

A inversão escrava da lógica de avaliação seria, de certa forma, uma inversão da expressão natural do mecanismo de satisfação dos impulsos, já que retira desse mecanismo a imediaticidade de expressão que lhe é característica, sua espontaneidade (GM, II, §16. Ver também RICHARDSON, 2009, p. 143). Mesmo que o modo escravo permita afinal uma forma de satisfação dos impulsos — uma forma talvez indireta, adiada, reativa — essa perda de espontaneidade tenderia a levar, no extremo, a uma perda geral de vitalidade, representada pelo "homem do ressentimento".

Enquanto o indivíduo soberano se caracteriza pela confiança na própria capacidade de ação, firmada na força da sua vontade, o homem do ressentimento é marcado pela incapacidade tanto de agir quanto de *não* reagir: incapaz de manter um fluxo espontâneo de ação, o homem do ressentimento não pode descarregar espontaneamente seus impulsos, nem se insurgir de fato contra seus opositores, mas, ainda assim, não consegue abster-se do impulso de reação[41]. É esse estancamento da ação que leva o homem do ressentimento a refugiar-se na maquinação de uma vingança imaginária, que o envenena, e que comandará a inversão moral dos valores:

> A rebelião escrava na moralidade começa quando o ressentimento se torna criativo e dá à luz os valores: o ressentimento das naturezas às quais é negada a verdadeira reação, a dos atos, e que apenas por uma vingança imaginária obtêm reparação (*GM*, I, §10)[42].

Note-se que logo em sua primeira ocorrência, a noção de ressentimento aparece em contraste imediato com a noção de agência: o homem do ressentimento é incapaz de *agir*, em sentido pleno, capacidade atribuída justamente ao indivíduo soberano.

Faz sentido, então, pensar o indivíduo soberano como um antípoda do homem do ressentimento, do mesmo modo que o espírito livre se opõe ao espírito cativo, que na *Gaia Ciência* assume as feições do crente e sua necessidade de crer (*GC*, §347). Em geral, a figura do indivíduo soberano se opõe a todas as figuras de dependência do repertório nietzschiano, todos aqueles que se orientam de modo impessoal por algo externo, como a moral. Mas o fato de que essas figuras cativas da moral só encontrem o contraponto do indivíduo soberano em uma única obra, que é a *Genealogia*, sugere um acréscimo propriamente genealógico ao contra-ideal nietzschiano de liberdade.

---

41. Ponto que Nietzsche retomará no *Crepúsculo dos Ídolos*, *CI*, VIII, §6.

42. Por contraste, o tipo nobre se destaca pela "imediaticidade" e espontaneidade de suas reações: "Mesmo o ressentimento do homem nobre, quando nele aparece, se consome e se exaure numa reação imediata, por isso não *envenena*: por outro lado, nem aparece, em inúmeros casos em que é inevitável nos impotentes e fracos" (*GM*, I, §10). Para uma caracterização do ressentimento como fundamentalmente uma condição de impotência e incapacidade de ação ver Reginster, 2016. Katsafanas (2016, cap. 7) sugere que o ressentimento doentio do tipo escravo decorre de um descompasso inicial entre os valores vigentes e sua falta de condições práticas de instanciar esses valores, razão da adesão a uma revolta escrava na moral.

Parece pouco convincente a leitura de Leiter (2011), segundo a qual a falta de recorrência do indivíduo soberano na obra indica que, com essa figura, Nietzsche não pretendia mais do que fazer uma paródia do burguês moderno e seu empenho em honrar suas dívidas. O próprio Leiter não leva a ideia muito adiante, mostrando dificuldade de situar a personagem. Ao que parece, essa dificuldade se deve a uma certa resistência do intérprete ao revisionismo nietzschiano das noções de vontade e liberdade. É possível levantar uma hipótese alternativa para a ocorrência muito localizada do indivíduo soberano, ao levar em conta que essa figura se harmoniza bem com o ambiente de investigação dos dispositivos de poder civilizatório, que é o ambiente da *Genealogia*. Vale lembrar, também, da proximidade entre a *Genealogia* e o platonismo político de *Além de Bem e Mal*. Há controvérsias também sobre se o indivíduo soberano caracteriza simplesmente o guerreiro nobre antigo. Ao que nos parece, o grau de consciência de si atribuído ao indivíduo soberano desincentiva essa leitura. Apesar da dificuldade de localização temporal das narrativas da *Genealogia*, está claro que o indivíduo soberano carrega os traços do tipo livre. Seus atributos serão absorvidos, nas obras finais, por novos personagens conceituais.

Se, por um lado, Nietzsche já pensava a liberdade como unidade e autonomia desde as obras do período intermediário, a obra madura traz um novo ponto de vista ao aperfeiçoar a ideia de autolegislação no campo dos valores. A crítica à moral adentra um novo terreno quando se torna clara a formulação de que, em última instância, o único lastro possível para os valores criados é mesmo a vontade, que emerge do conflito entre as partes. É a partir da vontade enquanto lastro que faz sentido pensar a atividade legislativa do indivíduo soberano não só como um exercício *para si*, mas como uma criação em que *por si*, a partir de sua própria vontade, propõem-se valores para a cultura.

A *Genealogia* levanta a possibilidade de uma seleção autônoma de impulsos e valores, de modo a criar unidade entre eles. Enquanto atividade crítica *e* valorativa, a genealogia abre caminho para uma *transvaloração*, enquanto reassimilação e encaminhamento dos valores herdados. Sob esse ponto de vista, as obras de maturidade como a *Genealogia* mostram mais clareza sobre o funcionamento *político* dos impulsos, lançando uma nova luz sobre o funcionamento das disputas de valor no plano da cultura; essa clareza se associa ao ganho de uma ferramenta própria para recuperar a história de disputas pulsionais e valorativas de que somos herdeiros, que é a abordagem genealógica. Como um escrito polêmico, a *Genealogia* se destina, em última instância, a promover uma incorporação da crítica dos valores morais.

O programa de superação do ponto de vista moral, assinado por Nietzsche na *Genealogia*, aponta possibilidades de recuperação da espontaneidade dos impulsos. Signo da promessa de liberdade que adviria dessa superação, o indivíduo soberano enquanto alguém "novamente libertado da moralidade de costumes" não sinaliza, é claro, um mero retorno ao modo nobre de valorar, até porque, apesar de toda espontaneidade e afirmação, o tipo nobre não é, segundo Nietzsche, um modelo de liberdade. O tipo nobre está preso a um código moral bastante estreito, e muito distante de qualquer acesso crítico a seus próprios valores. Sua afirmatividade está ligada ao fato de que, num contexto de vida guerreira, há condições favoráveis ao livre curso de seus impulsos agressivos, principalmente no exterior da comunidade à qual está ligado por pactos de honra e de uma etiqueta muito rígida.

Falta, ao indivíduo nobre, uma ferramenta de complexidade e integração entre impulsos e valores: a capacidade de "coligir perspectivas", de experimentar e incorporar diferentes pontos de vista até que estejam profundamente incorporados, e passem a agir de modo espontâneo. Essa é uma habilidade que Nietzsche atribui a si mesmo, como talvez o único ponto em que se tornou "mestre", razão pela qual somente para o próprio Nietzsche talvez "seja possível uma 'transvaloração dos valores'" (*EH*, I, §1). Mas esta é, também, uma habilidade que reconhece naquele que é seu grande exemplo de liberdade, Goethe, alguém que munido de uma enorme vontade de "totalidade" e muita "disciplina", conseguiu criar-se a si mesmo e conquistar uma nova espontaneidade (*CI*, IX, §49). Essas ocorrências deixam a impressão de que a capacidade de "deslocar perspectivas" permitiria algo como uma maior "socialização" dos afetos, um alargamento do espaço político dos afetos. A convocação de uma pluralidade de afetos ao exercício de estabelecer o valor dos valores é o que lhes confere o máximo de "objetividade" possível, que garante à tarefa de criação de valores seu aspecto crítico (CONSTÂNCIO, 2012).

Nietzsche critica enfaticamente a ideia de liberdade como uma aplicação do princípio do *laisser aller* à vida pulsional (*ABM*, §188; *CI*, IX, §41). Ele decididamente recusa a ideia de que algo valioso possa surgir da ausência de disciplina dos impulsos. Várias passagens da obra abordam o fato de que nossos impulsos atuais têm raízes na história longínqua da evolução biológica das espécies. Esses impulsos foram selecionados em razão de sua adaptação a estranhas e pouco conhecidas condições de vida da espécie no passado. Sobrepõe-se a esse passado biológico uma intrincada trama civilizacional que alterou profundamente a população e os mecanismos de satisfação desses impulsos. As disposições afetivas atuais, enquanto legado dessa história biológica e social, seriam expressão de compromissos valorativos tácitos, assumidos num passado desconhecido.

Comparado à perspectiva de longa duração da evolução da espécie, o trabalho moral sobre os impulsos aparece numa camada relativamente recente, mas ainda assim remonta ao passado longínquo das primeiras sociedades humanas. Nossos impulsos atuais são produto das complexas relações entre uma herança biológica, com sua lógica própria de satisfação, e, por outro lado, de todo trabalho posterior de adequação desse primeiro material pulsional aos valores sociais de diferentes eras. Todo o trabalho genealógico se justifica precisamente pela necessidade de revelar essa história dos impulsos, que carregam em si uma programação vinda de uma era remota e obscurecida. Na ausência de uma reconstrução genealógica, permanecemos reféns dessa herança.

Fruto tardio do processo civilizatório, o indivíduo soberano incorpora os ganhos espirituais conquistados ao longo desse processo: ampliação dos espaços subjetivos, memória, consciência, sentido histórico, capacidade de sublimação — itens cuja história é recuperada ao longo das três dissertações da *Genealogia*. Enquanto a espécie como um todo compartilha desse incremento intelectual, é de se pensar que Nietzsche se refere a algo específico ao aludir à "consciência" do indivíduo soberano.

Se o que está em jogo aqui é a consciência no sentido comum, toda a carga dramática em torno da sua apresentação perde o sentido. O contexto dessa passagem parece indicar que o que há de especial no indivíduo soberano é a sua *boa consciência*, mas, principalmente, a consciência de sua própria *vontade*. Este parece ser, especificamente, o ganho que advém de sua disposição "supramoral".

Voltando, então, ao texto, veremos que a resposta sobre esse caso peculiar de tomada de consciência já está lá: o indivíduo soberano assume responsabilidade por seus atos quando "o conhecimento de sua liberdade" surte efeito a nível da própria vida dos impulsos, descendo "até sua mais íntima profundeza", ou seja, até aquilo que se tem de mais pessoal, de modo que esse novo conhecimento torna-se *instinto*. Qual instinto? O próprio instinto de liberdade, como uma disposição, conquistada, para a autonomia.

A expressão *instinto de liberdade* é, afinal, textual, contando três ocorrências na segunda dissertação, a mesma em que o indivíduo soberano é apresentado. Na verdade, e curiosamente, na primeira dessas ocorrências o termo aparece no plural — "*Instinkte der Freiheit*" (*GM*, II, §16) — e nas duas ocorrências seguintes, no singular — "*Instinkt der Freiheit*" (*GM*, II, §17, §18). Mais intrigante ainda, na última ocorrência somos informados de que a expressão, nesse contexto, significa o mesmo que *vontade de poder*. Somos forçados a voltar mais uma vez à questão: afinal, que instinto é esse?

Vejamos: a primeira ocorrência aparece precisamente no momento em que Nietzsche oferece "uma primeira, provisória expressão" da sua "hipótese sobre a origem da 'má consciência'" (*GM*, II, §16), segundo a qual os instintos hostis reprimidos ao longo do processo civilizatório acabam por se descarregar no campo da subjetividade, ou melhor, a interiorização desses impulsos *cria* o espaço subjetivo:

> Todos os instintos que não se descarregam para fora *voltam-se para dentro* — isto é o que chamo de *interiorização do homem*: é assim que no homem cresce o que depois se denomina sua "alma". Todo o mundo interior, originalmente delgado, como que entre duas membranas, foi se expandindo e se estendendo, adquirindo

> profundidade, largura e altura, na medida em que o homem foi *inibido* em sua descarga para fora. Aqueles terríveis bastiões com que a organização do Estado se protegia dos velhos instintos de liberdade — os castigos, sobretudo, estão entre esses bastiões — fizeram com que todos aqueles instintos do homem selvagem, livre e errante se voltassem para trás, *contra o homem mesmo*. A hostilidade, a crueldade, o prazer na perseguição, no assalto, na mudança, na destruição — tudo isso se voltando contra os possuidores de tais instintos: *esta* é a origem da má consciência. (*GM*, II, §16).

Nesta primeira ocorrência, os "instintos" de liberdade se identificam, então, com todo um grupo de instintos agressivos: "a hostilidade, a crueldade, o prazer na perseguição", etc.. Esses "instintos de liberdade", no plural, seriam exatamente os alvos do processo civilizatório e, portanto, também os responsáveis por moldar o campo da subjetividade. A seção seguinte avança a hipótese de que esse processo de interiorização se deu mediante a coerção da violência do Estado, que teria levado, em última instância, à eliminação de "um enorme *quantum* de liberdade" do mundo. Em seguida, temos uma nova ocorrência do termo, desta vez no singular:

> Esse *instinto de liberdade* tornado latente à força — já compreendemos — esse instinto de liberdade reprimido, recuado, encarcerado no íntimo, por fim capaz de desafogar-se somente em si mesmo: isto, apenas isto, foi em seus começos a *má consciência*. (*GM*, II, §17).

A terceira ocorrência, logo a seguir, traz novas e importantes informações sobre esse instinto:

> Guardemo-nos de fazer pouco-caso desse fenômeno, por ser já de início feio e doloroso. No fundo, é a mesma força ativa, que age grandiosamente naqueles organizadores e artistas da violência e constrói Estados, que aqui, interiormente, em escala menor e mais mesquinha, dirigida para trás, no "labirinto do peito", como diz

> Goethe, cria a má consciência e constrói ideais negativos, é aquele mesmo *instinto de liberdade* (na minha linguagem: a vontade de poder): somente que a matéria na qual se extravasa a natureza conformadora e violentadora dessa força é aqui o homem mesmo, o seu velho Eu animal — e *não*, como naquele fenômeno maior e mais evidente, o *outro* homem, *outros homens*. (*GM*, II, §18).

Ou seja, a violência não interiorizada dos homens do Estado, esses "organizadores e artistas da violência", ao atingir os *outros homens*, impedindo-os de extravasar esse mesmo instinto violento, leva à sua interiorização. É no interior de cada um, portanto, que ele realizará a mesma *força* conformadora que a violência externa, mas moldando, agora, os espaços da subjetividade. O fato de que, retornando ao texto, esse instinto apareça no singular, abre uma possibilidade de interpretação segundo a qual todos os instintos violentos atuantes no início do processo civilizatórios podem estar ligados, afinal, a um instinto específico, um instinto de dominação. Essa interpretação parece ser reforçada pela equivalência sugerida aqui entre o "instinto de liberdade" e "vontade de poder".

Avançando na interpretação, seria possível entender que o "instinto de liberdade" enquanto "vontade de poder" é um impulso de dominação com enorme capacidade de orientar a satisfação dos impulsos hostis, seja no sentido de sua descarga exterior — como no caso dos "artistas da violência" — seja no sentido de sua descarga interior — como no caso da população submetida a esses agentes do Estado. No singular, então, ele é um instinto que responde, cardinalmente, por todo um subgrupo de instintos violentos, e é forte o bastante para inverter o seu modo de satisfação, se preciso.

A sequência do texto extrai ainda outras conclusões sobre os efeitos da inversão subjetiva operada por esse instinto, como um acontecimento que teria proporcionado o mecanismo de sublimação necessário à elaboração de ideais civilizatórios mais elevados:

> Essa oculta violentação de si mesmo, essa crueldade de artista, esse deleite em se dar uma forma, como a uma matéria difícil,

> recalcitrante, sofrente, em se impor a ferro e fogo uma vontade, uma crítica, uma contradição, um desprezo, um Não, esse inquietante e horrendamente prazeroso trabalho de uma alma voluntariamente cindida, que a si mesma faz sofrer, por prazer em fazer sofrer, essa "má consciência" *ativa* também fez afinal — já se percebe —, como verdadeiro ventre de acontecimentos ideais e imaginosos, vir à luz uma profusão de beleza e afirmação nova e surpreendente, e talvez mesmo a própria beleza... Pois o que seria "belo", se a contradição não se tornasse primeiro consciente de si mesma, se antes a feiúra não houvesse dito a si mesma: "eu sou feia"? (*GM*, II, §18).

O passado violento do instinto de liberdade, que teve um papel crucial na história da civilização, operando tanto a dominação do outro quanto a conquista de autodomínio, cumpriria, também, um papel fundamental na capacidade de sublimação. Ele parece encontrar um ponto de *transfiguração* quando se apresenta, no indivíduo soberano, não como *má* consciência, mas como *boa* consciência, como a capacidade de afirmação de si e da própria vontade.

Este é, portanto, um instinto com uma história um tanto singular. Ao ser reprimido e internalizado, o instinto de liberdade reaparece como valor, como "conhecimento" e "consciência" do poder sobre si mesmo, até ser novamente absorvido, incorporado, de forma tão radical que torna esse instinto capaz de operar uma mudança no modo de satisfação do conjunto de outros impulsos e organizá-los na forma de uma vontade forte[43].

O indivíduo soberano é, assim, um acaso feliz em que o organismo cria algo como um pacto libertário. Leiter (2011) parece correto ao apontar que há um tipo de "fatalidade" em torno das condições em que alguém pode se tornar um indivíduo soberano. No sentido tradicional do termo,

---

43. Essa narrativa, altamente especulativa, sobre a história de um impulso, encontra vários precedentes na obra anterior de Nietzsche. Em *Aurora*, por exemplo, Nietzsche levanta a possibilidade de que costumes e valores possam ser incorporados a ponto de se tornarem instintos: "O que é simulado por longo tempo torna-se enfim *natureza*: a simulação acaba por suprimir a si mesma, e órgãos e instintos são os inesperados frutos do jardim da hipocrisia" (*A*, §248).

o indivíduo soberano não é livre pra escolher agir de acordo com sua força, ele simplesmente é a sua força (*GM*, I, §13). Não há um substrato "por trás", externo às próprias ações, a partir do qual o indivíduo deliberaria seu curso. Mas isso não é tudo, porque o mero fato de que se teve a sorte de ter a *força* para realizar um trato libertário consigo mesmo, não garante, afinal, que se seja livre.

Os raros indivíduos capazes de se tornarem conscientes de sua herança pulsional e valorativa têm diante de si o longo e árduo trabalho de conferir uma forma pessoal a essa herança, e, a partir dela, construir um *Eu*. O instinto de liberdade aparece como a peça-chave desse processo. É necessário que haja uma configuração afetiva que predisponha a um compromisso valorativo com a liberdade, pois esse compromisso é, no final das contas, um compromisso com a própria possibilidade de formação de um *Eu*, no sentido pleno.

A genealogia se insere na história desse instinto, ao apontar novas possibilidades para sua satisfação após esse longo trabalho pessoal que permite que alguém se emancipe da moral. A ideia que gostaríamos de avançar é que essa disposição para a liberdade é um pré-requisito para o engajamento na atividade genealógica. E, por correlato, a atividade genealógica é um pré-requisito para a conquista da liberdade no sentido nietzschiano.

Dito de outro modo: é a disposição para a liberdade que permite o engajamento na crítica dos valores. Até porque essa atividade crítica não prescinde de uma disposição *cruel*, segundo o próprio Nietzsche — a violência do impulso de liberdade, em sua forma mais espiritualizada, é claro, será necessária ao trabalho de enfrentamento e destituição de muito daquilo que foi anteriormente tomado como objeto de veneração. O trabalho genealógico, essa escavação, a um tempo consciente e afetiva, das camadas de manipulação de impulsos e valores que chegaram até nós, é o que permite um rearranjo *pessoal* dessa herança, cujo resultado seria, justamente, tornar-se *mais* livre. Neste ponto é possível apreciar o profundo redirecionamento operado por Nietzsche nos discursos sobre a liberdade, ao contrariar toda a filosofia moderna e pensar a liberdade não como uma *condição*, mas como uma *disposição* e uma prática.

Dito mais uma vez: no sentido nietzschiano, a liberdade pode ser pensada como a disposição pessoal a recuperar a espontaneidade dos impulsos através da criação de um espaço coordenado a que se pode chamar propriamente de um *Eu*. Nas obras posteriores à *Genealogia*, Nietzsche enfatizará a ideia de que essa recuperação não se dá mediante um *retorno* à natureza, mas por uma "ascese" à natureza (*CI*, IX, §48, §49). Essa ascese, por sua vez, é apresentada como um movimento contínuo, algo que se realiza pelo próprio exercício dessa disposição para o autodomínio e o combate contra a dominação externa:

> Aqueles grandes viveiros para uma forte, a mais forte espécie de gente que até hoje existiu, as comunidades aristocráticas da espécie de Roma e Veneza, entendiam a liberdade no mesmo exato sentido em que eu entendo a palavra: como algo que se tem e *não* se tem, que se *quer*, que se *conquista*. (*CI*, IX, §38).

No *Crepúsculo dos Ídolos*, Goethe é apresentado como um precedente desse ideal de integridade e espontaneidade (*CI*, IX, §49). A vitalidade excepcional de Goethe instanciaria a "ascese à natureza", emergindo de um intenso trabalho de cultivo e integração dos impulsos, que passa pela experimentação com o próprio corpo e suas habilidades. Essa passagem associa a atitude de afirmação do todo — desvinculada de qualquer censura moral, orientada unicamente pelos indícios de força e fraqueza — à crença em Dioniso. O dionisismo das últimas obras sugeriria uma concepção de liberdade em termos psicofisiológicos, como *intensificação* da atividade vital.

Mesmo que o indivíduo soberano saia de cena, a ideia de liberdade como instinto dá o tom das obras finais. Um tom conclusivo: "Liberdade significa que os instintos viris, que se deleitam na guerra e na vitória, predominam sobre outros instintos, os da 'felicidade'" (CI, IX, §38).

Seria possível, aqui, reendereçar a questão sobre o que distingue o mero comportamento da genuína agência, afinal. E reencontrar a resposta: a vontade. Não exatamente uma vontade livre, mas uma vontade forte, que se quer livre. Parece, então, que Nietzsche deu a volta na tradição para retornar ao início, exposto sob uma nova luz. Nossos atos de liberdade seriam, assim, os atos em profundo acordo com nossa vontade. O problema é que essa vontade não é algo simples e de fácil identificação. Não corresponde ao estrito campo da deliberação racional, nem ao das intenções, nem se confunde com o desejo ou com um instinto isolado, em que pese a nossa sugestão de que algo como um instinto de liberdade é necessário para que se chegue a construir uma vontade forte.

Essa vontade forte seria, ela mesma, expressão de um Eu, e esse Eu precisa ser construído. Esse Eu não se confunde com qualquer ideia de sujeito localizável e identificável com a atividade racional consciente. Mas assim como o sujeito racional e consciente é o sujeito do livre-arbítrio, o Eu, como sociedade de afetos, é o agente da liberdade nietzschiana. Nossos atos livres são *pessoais*, e portanto expressam o cultivo um arranjo singular de integração entre impulsos e valores.

Neste ponto somos levados a um tipo de definição circular: liberdade como uma *disposição* psicofisiológica que torna possível o próprio compromisso com um valor de liberdade. Mas essa circularidade é apenas aparente, e deve, antes, ser pensada como diferentes camadas, ou melhor ainda, diferentes etapas da concepção nietzschiana de liberdade, que é uma concepção processual: uma disposição pulsional para a liberdade conta como o lastro do compromisso com o valor de liberdade que, por sua vez, dá sustentação às práticas de si, através das quais se pode de cultivar essa disposição.

A forma como se descreve esse compromisso de quem *tornou-se livre* sugere que ele seja um compromisso capaz de reatualizar e reorganizar os demais compromissos valorativos. A liberdade se torna, assim, um meta-valor: um valor que estabelecerá o valor dos outros valores. A ideia pode parecer estranha, mas a obra nietzschiana contém um importante precedente dessa possibilidade, um contra-exemplo: o instinto de rebanho. Como um antípoda da liberdade, o instinto de rebanho apresenta o mesmo tipo de funcionamento, a mesma capacidade de "reprogramar" a vida dos instintos e valores a partir de si. O embate entre instinto de rebanho e instinto de liberdade iluminará a campanha nietzschiana contra a moral, como veremos no próximo capítulo.

4. Liberdade: uma porta de entrada e saída da moral

O programa nietzschiano de intervenção na cultura é, segundo suas próprias declarações, um programa imoralista. Embora haja alguma dúvida sobre se esse programa implica em uma completa abolição da moral, não há dúvidas sobre a precedência da pauta de combate à moral[44]. Segundo a nossa leitura, esse combate toma como ponto de partida um compromisso com o valor de liberdade, de modo que um conflito entre o tipo moral e o tipo livre é encenado em diferentes momentos da obra.

Em *Humano* — como, em geral, no assim chamado período da filosofia do espírito livre — esse conflito está representado na oposição entre espírito livre e espírito cativo. Nesse momento, o compromisso com a pauta imoralista extrai como consequência de primeira urgência o combate à cultura da punição, que pode ser resumido no que identificamos como um proto abolicionismo penal. Gradativamente, a atenção se volta para o problema das condições de vida dos tipos raros, e da plurificação das vozes a serem ouvidas no debate sobre os valores. Nas obras de maturidade,

44. As obras "intermediárias" parecem sugerir uma acomodação entre o tipo moral e o tipo de exceção, cujos valores devem ser reconhecidos desde que não pretendam tornar-se regra (GC, §76; ver também GC, §28). Mesmo num momento de platonismo político e afirmação de uma hierarquia de valores, como Além de Bem e Mal, há dúvidas sobre se Nietzsche entende que o ponto de vista extramoral é algo que conseguiria a adesão de todos, e se isso seria desejável. Provavelmente não. Ainda assim, parece razoável entender que a filosofia nietzschiana defende, no mínimo, que a cultura, em geral, e seus participantes, seriam favorecidos por uma deflação dos valores morais. Para além disso há dúvidas, ainda, sobre o alvo ou escopo da crítica de Nietzsche à moral, já que o uso que faz do termo é bastante flexível e parece se referir ora a um sistema específico de valores, ora a um padrão normativo mais amplo.

esse espaço é ocupado prioritariamente pela preocupação com as condições de cultivo dos tipos de exceção, apresentados como tipos *mais livres*.

No que diz respeito à pauta normativa, parece bastante clara a premência de desconstruir as acepções tradicionais de liberdade, pois elas seriam o principal fator de cooptação moral. Ou seja, no contexto moderno, é porque nos vemos como seres de livre-arbítrio que nos vemos como seres morais. Da crença na noção de livre-arbítrio depende que o indivíduo se sinta implicado no jugo moral, e também que se sinta no direito de julgar moralmente os atos alheios[45]. Isso explica o enorme espaço ocupado, na obra, pela discussão sobre liberdade, seus pressupostos e suas implicações — descrição da agência e psicologia moral, atribuição de responsabilidade, etc. Por outro lado, um ideal próprio de liberdade seria necessário à conquista de um ponto de vista extramoral. É dizer: o valor de liberdade funciona como uma porta de entrada e uma porta de saída da moral.

4.1 A campanha contra a moral

Para organizar a análise, seria possível dividir a crítica de Nietzsche à moralidade a partir de dois aspectos gerais. O primeiro diz respeito a pressupostos descritivos envolvidos nos juízos morais, o segundo se refere a seus conteúdos normativos propriamente ditos. Essa distinção cumpre a função de organizar a exegese, mas nem sempre aparece de modo evidente na letra do texto nietzschiano; isso certamente se deve à compreensão nietzschiana de que nossos juízos morais costumam contar com uma

45. Veja-se, por exemplo, a reconstituição que Nietzsche faz do uso sacerdotal da ideia de livre-arbítrio. Sobre este ponto, Edmilson Paschoal comenta que: "Retirando a 'inocência do devir' e atribuindo 'um estado de fato' (*CI*, Os quatro grandes erros, §7) à vontade, às intenções e aos atos humanos, o sacerdote chega a uma liberdade moral que tem, para o forte, a função de *veneno*, pois o declara culpado por exteriorizar sua força e, para o fraco, a função de *inibição*, controlando-o em suas ações e intenções e mantendo-o submisso à coletividade do rebanho" (PASCHOAL, 2006, p. 260).

colaboração entre os dois aspectos, de modo que o ataque sobre um dos polos tende a afetar o outro (LOPES, 2013; VAN TONGEREN, 2016).

Em relação aos pressupostos descritivos da moral, é apontada a sua inconsistência, seu caráter auto-contraditório, seu recurso a concepções psicológicas e agenciais pouco realistas e improváveis constructos metafísicos. Rogério Lopes (2013) lista os termos gerais da crítica aos componentes descritivos da moral:

> Nietzsche nega a concepção usual de vontade como uma faculdade de determinação racional do querer, a unidade do Eu, a tese da liberdade do agente moral, o papel causal das representações conscientes na determinação das ações, a cognoscibilidade dos motivos da ação, a capacidade referencial dos juízos morais, o controle das diversas variáveis no silogismo prático e a tese psicológica segundo a qual o agente orienta suas escolhas pela maximização do prazer e pela minimização do desprazer. (LOPES, 2013, p. 11).

Estes são, precisamente, os tópicos que investigamos nos capítulos anteriores, porque são os pressupostos envolvidos na moral do livre-arbítrio, seja ela abrigada por uma teoria utilitarista ou deontológica. E, como temos insistido, a noção de livre-arbítrio é a pedra de toque da moralidade cristã.

Mas é importante lembrar, com Lopes, que "Todos estes pressupostos metafísicos e psicológicos podem ser questionados sem a necessidade de um posicionamento face aos compromissos normativos das teorias éticas que os acolhem." (LOPES, 2013, p. 11). Para lidar com a combinação de componentes descritivos e normativos nos juízos morais, diferentes estratégias são desenvolvidas, ao longo da obra.

Sob o ponto de vista da fragilidade epistêmica dos juízos morais, a argumentação nietzschiana varia entre apontar a falta de contrapartida real para os termos básicos com que opera, a redução ao absurdo de suas normas — como a ideia de que merecemos ser punidos pelas nossas intenções, por exemplo, que vimos no capítulo dois — ou ainda, toma o dissenso entre os próprios moralistas, sua incapacidade de estabelecer definitivamente os termos em que se assenta a moral, como um ponto a favor do ceticismo moral[46].

Além disso, insiste em que os pressupostos morais são não apenas insustentáveis mas funcionam como um entrave ao avanço do conhecimento. O esforço de justifica-los substitui a crítica. Assim, ao tratar da ascensão dos moralistas alemães, cuja expressão mais acabada seria a filosofia kantiana, Nietzsche observa que "o assim chamado redespertar moral teve, para o *conhecimento* dos fenômenos morais, apenas desvantagens e movimentos regressivos, como se pode imaginar" (*HH II*, *AS*, §216).

A moral promove um tipo de interpretação "pneumática", entusiasmada, da natureza (*HH*, §8). Enquanto um regime de obediência, a moral se coloca em direção contrária à liberdade intelectual, de modo que o crente moral opera uma terceirização da justificação de suas crenças, como dissemos. Ela cria, ainda, um ambiente nocivo à investigação realista, incorrendo, renitentemente, em uma petição de princípios sobre seus próprios valores: "Na presença da moral, como diante de toda autoridade, não se *deve* pensar, menos ainda falar: aí — se obedece!" (*A*, Pr., §3).

O descrédito do sistema moral, frente à conclusão sobre a impossibilidade de justificação racional das crenças morais, seria uma consequência que se impõe por exigência de integridade intelectual. Esse aspecto da crítica apela, portanto, a princípios próprios à normatividade epistêmica (LOPES, 2013, p. 4). Com alguma cautela, podemos dizer que o compromisso com a honestidade intelectual está na vizinhança do valor de liberdade. Como vimos nos capítulos anteriores, nas obras do período intermediário encontram-se várias ocorrências que sugerem que liberdade, honestidade intelectual e justiça formariam uma "unidade das virtudes" do espírito livre. A honestidade intelectual seria o distintivo mesmo do espírito livre; a sua liberdade se caracteriza, acima de tudo, por uma relação autônoma com as crenças, e encontra seu antípoda no espírito cativo, intelectualmente subjugado às opiniões morais. Ganha destaque, nesse

46. Sobre este último ponto ver LEITER, 2014.

período, a ideia de vida como experiência de conhecimento[47]. Em *A Gaia Ciência*, Nietzsche claramente alinha a paixão do conhecimento com os impulsos insurgentes e dominadores associados à liberdade, este é um tema que perpassa o livro todo, apresentado, inclusive, em tom de compromisso pessoal:

> E o conhecimento mesmo: para outros pode ser outra coisa, um leito de repouso, por exemplo, ou a via para esse leito, ou uma distração, ou um ócio — para mim ele é um mundo de perigos e vitórias (...) "*A vida como meio de conhecimento*" — com este princípio no coração pode-se não apenas viver valentemente, mas até *viver e rir alegremente*! E quem saberá rir e viver bem, se não entender primeiro da guerra e da vitória? (*GC*, §324).

Na obra madura, tem-se a tese de que a "catástrofe" da consciência moral ocorre quando a exigência (igualmente moral) de veracidade toma por objeto de escrutínio os próprios pressupostos do ponto de vista moral, chegando à conclusão sobre a sua insustentabilidade. Essa seria a ocasião de autossupressão da moral. Ou seja, a honestidade intelectual aparece como um produto moral que atinge uma espécie de atividade normativa autônoma; no limite, essa atividade a fará voltar-se contra as suas próprias raízes. No capítulo anterior, argumentamos no sentido de que algo como um instinto de liberdade é necessário para que esse fruto da moralidade, a consciência intelectual, seja aplicada contra si mesma e possa *tomar consciência de si como um problema*, num processo de autoexame que não carece de um componente de crueldade[48].

Na *Genealogia da Moral*, o processo de autossupressão da moral pelas mãos da honestidade intelectual reencena uma ideia que já está presente

47. *HH*, §34, §56, §107, §222, §254, §288, §291, §292; *A*, §201, §429, §440, §450, §501, §550; *GC*, §3, §319, §324.

48. Uma intuição que pode ser rastreada em *Aurora*: "Como todos os conquistadores, descobridores, navegantes, aventureiros, nós, investigadores, somos de uma moralidade temerária, e temos que admitir ser considerados maus no conjunto" (*A*, §432).

na filosofia nietzschiana pelo menos desde *Aurora* (§456). Nessa passagem, "a mais nova virtude", ou seja, a honestidade intelectual, é apresentada como aquela que seria capaz de colocar em questão, pela primeira vez, as exortações morais. Até então, as suposições morais, como a ideia grega antiga de unidade entre virtude e felicidade, ou a ideia de livre deliberação, etc., teriam sido vistas como capazes de se justificarem por si mesmas, pelo seu próprio valor moral, independentemente da procedência de seus pressupostos nada evidentes.

Logo no início de *A Gaia Ciência*, o compromisso com o valor da honestidade intelectual é apresentado como aquilo que "distingue os homens superiores dos inferiores" (*GC*, §2), enquanto Nietzsche se diz escandalizado com a ideia de viver conforme uma crença "*sem* antes haver se tornado consciente das últimas e mais seguras razões a favor ou contra ela" (*GC*, §2). Ocorrências como esta podem dar a impressão de que a improcedência das crenças morais seria a razão fundamental da objeção à moralidade e, portanto, apontariam a primazia da normatividade epistêmica sobre a normatividade prática.

Mas há alertas contra essa interpretação desde *Humano*. Embora as exigências da consciência intelectual ocasionalmente levem ao sacrifício e ao sofrimento, há um esforço para evitar interpretações moralistas desse compromisso. Em uma passagem de *Opiniões e Sentenças*, Nietzsche demanda que se abandone o vocabulário da abnegação em relação à virtude da honestidade intelectual: "fora com o capuz da renúncia" (*HH II, OP*, §98). Se o compromisso com a probidade se sustenta, é porque ele possibilita uma forma própria de potência, que se realiza na autonomia intelectual e num exercício de força que mede "o quanto de verdade" alguém é capaz de "suportar".

Enquanto a questão sobre o valor da verdade é colocada de forma mais dramática na abertura de *Além de Bem e Mal*, a filosofia do espírito livre avança, em várias ocasiões, o ponto da necessidade eventual da inverdade como uma forma de "descanso" (*A*, §507; *GC*, §107). O pêndulo entre essas diferentes necessidades, verdade e inverdade, encontraria um sistema de contrapesos na relação entre ciência e arte (GC, §107).

Já no livro V de *A Gaia Ciência*, o ponto da primazia da normatividade prática assume contornos mais claros:

> o valor de um preceito é ainda radicalmente diverso e independente de opiniões tais sobre ele e do joio de erros que talvez o cubra: assim como o valor de uma medicação para o enfermo independe completamente de ele pensar sobre a medicina de forma científica ou como uma mulher idosa. Uma moral pode ter nascido de um erro: ainda com esta percepção o problema de seu valor não chega a ser tocado. (*GC*, §345).

Provavelmente o mais correto a dizer é que, do ponto de vista nietzschiano, jamais houve uma primazia da normatividade epistêmica, a questão sempre foi, desde o início, uma questão de autonomia, que passa por autonomia intelectual. Enquanto genealogista, está interessado em investigar as origens e o alcance do compromisso com o valor da verdade em diferentes momentos e para diferentes grupos. Ele parece atento ao fato de que o valor da integridade intelectual exerce um poder limitado e até excepcional no interior da sociedade, e é por isso que *GC* §2 endereça especificamente os "melhores de nós". Num outro extremo, há alertas sobre o risco de que esse compromisso de veracidade se emancipe da prática e assuma o tom de um compromisso incondicional, como teria acontecido no interior dos ideais ascéticos. No que diz respeito à hierarquia de valores, segundo nossa interpretação, o compromisso com o valor de liberdade seria, em última instância, o motor capaz de sustentar o compromisso com a integridade intelectual. Por esta leitura, pode-se entender melhor as advertências sobre a necessidade de moderar até mesmo um compromisso virtuoso, como no caso da integridade intelectual:

> Nossa honestidade, nós, espíritos livres — cuidemos para que não se torne nossa vaidade, nosso adereço e arabesco, nosso limite, nossa estupidez! Toda virtude tende à estupidez, toda estupidez à virtude; "estúpido até à santidade", dizem na Rússia — cuidemos

de que, por honestidade, não nos tornemos santos e enfadonhos! (*ABM*, §227).

É curioso o fato de que esse aforismo indica uma posição prática para além da virtude, mas aparece imediatamente após aquele de título "Nós, imoralistas", em que Nietzsche sugere, de modo elusivo, que seu imoralismo expressa, ainda, algum tipo de normatividade, pois nesse mundo "de comandos e obediências sutis" *nós*, "imoralistas", também seríamos "homens do dever" (*ABM*, §226). A sequência deixa claro há um valor mais fundamental do que a honestidade.

Dito isso, esperamos ter avançado o ponto de que a integridade intelectual cumpre um papel importante mas limitado na promoção de um ponto de vista imoralista. Ao servir melhor à crítica aos elementos descritivos do sistema moral do que à crítica a seus conteúdos propriamente normativos, a honestidade intelectual causa danos colaterais à moral.

Por outro lado, a liberdade — também ela uma derivação moral exaptável a outro tipo de normatividade — é um compromisso valorativo que opera um papel fundamental na tarefa de colocar em questão os conteúdos da normatividade moral, ou seja, os afetos e práticas morais[49]. Enquanto o

49. Há dúvidas sobre a o momento preciso da gênese da consciência intelectual. Em *Sobre Verdade e Mentira no Sentido Extramoral*, Nietzsche traça as raízes longínquas da exigência de veracidade, como um fator vital para o sucesso da comunicação em grupo. Mas a ideia de consciência intelectual envolve um desdobramento posterior dessa exigência prática, marcando um momento em que surge um interesse genuíno pela verdade. Faz sentido pensa-la como um produto recente, aperfeiçoado no interior do cristianismo por meio de todo o "alargamento" da subjetividade que ele teria promovido. Por outro lado, não seria impossível enxerga-la nos filósofos gregos, por exemplo. É razoável pensar a antiguidade clássica como um exemplo de moral no sentido "não pejorativo"; com esta questão, adentramos no problema de identificação do alvo preciso da crítica de Nietzsche à moral, já que o termo é usado, na obra, com certa liberalidade. Voltaremos a este ponto. No que diz respeito à liberdade, parece bastante claro, para nós, que algo como a contrapartida real do valor de liberdade, que temos identificado como um instinto de liberdade, acompanha o humano desde tempos imemoriais, embora a criação de uma autoimagem do humano como um ser de liberdade ganhe sua configuração última no interior do cristianismo. Vale ter em mente que o sentido da argumentação genealógica está precisamente em apontar que esses valores não vieram do nada, mas têm uma história acidentada de apropriação e reconfiguração.

> ajuizamento moral está ligado a uma gama de afetos ou sentimentos morais negativos ou reativos que pouco contribui para o cultivo de uma vida psicologicamente saudável, e em muitos casos é um entrave para o cultivo da excelência (LOPES, 2013, p. 5).

o valor da liberdade se expressaria em práticas e afetos opostos, o que está ilustrado no fato de que os indivíduos que Nietzsche identifica como expoentes de excelência são aqueles identificados como "mais livres". Mais do que isso, a atividade de criação de valores é identificada como uma relação afirmativa com a própria vontade, e esta, por sua vez, constitui o espaço possível de ação livre.

Esses pontos incidem no âmbito de duas outras motivações da crítica de Nietzsche à moral: a motivação terapêutica e a motivação perfeccionista, ou seja, a acusação de que a moral engendra tipos particulares de sofrimento enquanto oferece um remédio de valor duvidoso (*GC*, §345). Nietzsche a acusa, também, de obstruir o caminho dos tipos excepcionais, aqueles mais aptos a revitalizar o campo dos valores. Segundo a nossa leitura, há elementos mais do que suficientes para entender que há um ganho interpretativo quando lemos essas motivações à luz do compromisso com o valor de liberdade, entendendo, também, que as práticas de liberdade seriam as maiores beneficiárias da derrocada da moral.

Perseguindo as pistas que apontam a liberdade como *o* operador imoralista, propomos retomar o fio de uma das mais originais contribuições de Nietzsche ao exame da moral: a identificação do instinto de rebanho. Localizamos esse instinto, precisamente, como antípoda do instinto de liberdade. O paralelo pode nos trazer à mão uma boa ferramenta de análise das estratégias de combate, até que possamos estabelecer com mais clareza qual é exatamente o alvo da crítica de Nietzsche à moral, e quais possibilidades se abririam num contexto imoralista.

4.2 Instinto de liberdade contra instinto de rebanho

A primeira ocorrência publicada da expressão "instinto de rebanho", está em *A Gaia Ciência*. É possível ler esse livro, como um todo, à luz da questão sobre como a humanidade se comportará num contexto em que, paradoxalmente, o fator gregário do instinto de rebanho já se encontra plenamente incorporado, tendo servido há milênios como instrumento civilizatório — enquanto, por outro lado, o avanço cultural força uma passagem para um cenário pós-moral. Mais especificamente, é possível perceber que uma questão perpassa insistentemente os experimentos de *A Gaia Ciência*, e essa questão se refere ao futuro do conhecimento — não apenas o conhecimento científico, mas toda forma de conhecimento — uma vez que o instinto de rebanho perca parte de sua influência devido ao declínio da moral.

A maioria das ocorrências textuais da expressão, nesse livro, serve à encenação de um conflito entre instinto de rebanho e liberdade de pensamento. Ou seja, é encenado o atrito entre esse instinto e as possibilidades de autonomia e retidão intelectual no cenário que se abre após a "morte de Deus".

A primeira informação que recebemos sobre o instinto de rebanho é que seu poder ancestral se liga ao medo do "isolamento", da reprovação grupal a que se sujeita alguém que eventualmente aja de forma contrária aos "bons costumes de *sua* sociedade" (*GC*, §50). Esse é um pavor tão grande que é capaz de suplantar as reprovações da própria consciência individual. A localização do aforismo que nos apresenta à ideia de instinto de rebanho é também muito interessante: ele ocorre logo após uma consideração sobre a emergência de uma nova "qualidade de egoísmo", que adviria no momento em que o indivíduo torna-se forte o suficiente para renunciar à vingança (*GC*, §49).

O aforismo é sucedido por uma rápida consideração sobre liberdade intelectual, opondo o "senso de verdade" a todo tipo de ceticismo que coloque um limite à experimentação do pensamento, "pois ali a coragem perdeu seu direito" (*GC*, §51). Ainda, na sequência, extrai-se mais uma conclusão sobre um ocasional embate entre a consciência de si e a pressão social: "É mais fácil lidar com sua má consciência do que com sua má reputação" (*GC*, §52).

Essa localização sugere um *mapa político* do instinto de rebanho: a seu lado estão os costumes, o medo do isolamento e da má reputação; no campo oposto estariam a coragem, a magnanimidade, o poder individual e a liberdade intelectual.

A próxima ocorrência textual expande a explicação ao definir o instinto de rebanho precisamente como uma ferramenta da moral:

> *Instinto de rebanho.* — Onde quer que deparemos com uma moral, encontramos uma avaliação e hierarquização dos impulsos e atos humanos. Tais avaliações e hierarquizações sempre constituem expressão das necessidades de uma comunidade, de um rebanho: aquilo que beneficia *este* em primeiro lugar — e em segundo e terceiro — é igualmente o critério máximo quanto ao valor de cada indivíduo. Com a moral o indivíduo é levado a ser função do rebanho e a se conferir valor apenas enquanto função. Dado que as condições para a preservação de uma comunidade eram muito diferentes daquelas de uma outra comunidade, houve morais bastante diferentes; e, tendo em vista futuras remodelações essenciais dos rebanhos e comunidades, pode-se profetizar que ainda aparecerão morais muito divergentes. Moralidade é o instinto de rebanho no indivíduo. (*GC*, §116).

A primeira coisa a se observar aqui é que o instinto de rebanho é muito antigo, ele surge como instrumento da moral em sentido amplo, ou seja, um instrumento de qualquer sistema de "avaliação e hierarquização dos impulsos e atos humanos", segundo as necessidades de cada sociedade. Em seguida, a definição central do funcionamento do instinto de rebanho: ele opera uma instrumentalização do indivíduo em benefício da comunidade: "o indivíduo é levado a ser função do rebanho". Ainda, seu poder se exerce como poder de avaliar cada indivíduo segundo sua adequação à comunidade. E, finalmente, ele é um mecanismo de assimilação da norma no interior do indivíduo. Já que o que deve ser assimilado é uma avaliação específica dos "impulsos e atos", espera-se que, uma vez incorporado, o instinto de rebanho opere um redirecionamento dos impulsos e atos do próprio indivíduo: "Moralidade é o instinto de rebanho no indivíduo".

O aforismo seguinte esclarece que a implantação do instinto de rebanho, datando dos "tempos mais longos e mais remotos da humanidade" (*GC*, §117), exige como contrapartida o sacrifício do "orgulho de si mesmo":

> Durante o mais longo período da humanidade, no entanto, não havia nada mais aterrador do que sentir-se particular. Estar só, sentir particularmente, não obedecer nem mandar, ter significado como indivíduo — naquele tempo isso não era um prazer, mas um castigo; a pessoa era condenada a "ser indivíduo". A liberdade de pensamento era o mal-estar em si. Enquanto nós sentimos a lei e a integração como coerção e perda, sentia-se o egoísmo como algo doloroso, como verdadeira desgraça. Ser si próprio, estimar-se conforme uma medida e um peso próprios — era algo que ofendia o gosto. Um pendor para isso era tido por loucura; pois à solidão estavam associados toda miséria e todo medo. Naquele tempo, o "livre-arbítrio" era vizinho imediato da má consciência; quanto mais se agia de forma não livre, quanto mais transparecia no ato o instinto de rebanho, em vez do senso pessoal, tanto mais moral a pessoa se avaliava. Tudo o que prejudicava o rebanho, seja que o indivíduo o tivesse desejado ou não, dava remorsos ao indivíduo — e também a seu vizinho, e mesmo ao rebanho todo! (*GC*, §117).

Esse aforismo indica uma importante transição, um momento em que esse instinto superpoderoso começa a perder força: — "Foi nisso, mais do que tudo, que nós mudamos" (*GC*, §117). Há que se concluir que o cenário de declínio da moral dá ocasião à ascensão do instinto contrário. Embora a expressão "instinto de liberdade" ainda não apareça, seus componentes já estão estabelecidos em *A Gaia Ciência*; o opositor do instinto de rebanho é associado à autonomia e à individualidade. Enquanto sistemas morais, as culturas antigas não teriam escapado da má consciência em relação ao impulso de liberdade individual, um impulso

> ligado à teimosia, à desobediência e à inveja. Ser *hostil* a esse impulso para um ideal próprio: tal era, então, a lei de toda moralidade. Havia apenas uma norma: "o homem" — e cada povo acreditava possuir essa única e derradeira norma. (*GC*, §143).

Na verdade, ao longo do livro há indicações de que o pêndulo entre o imperativo gregário e a liberdade individual pode oscilar em diferentes momentos e sociedades. Assim, as culturas politeístas teriam encontrado um subterfúgio para que o indivíduo pudesse gozar de boa consciência com sua própria individualidade: aquele remoto mundo dos deuses significava uma possibilidade de reabilitação parcial desse impulso, pois através dele "era permitido enxergar uma *pluralidade de normas*" (*GC*, §143):

> A invenção de deuses, heróis e super-homens de toda espécie, e também de quase-homens e sub-homens, de fadas, anões, sátiros, demônios e diabos, foi o inestimável exercício prévio para a justificação do amor-próprio e da soberania do indivíduo: a liberdade que se concedia a um deus, relativamente aos outros deuses, terminou por ser dada a si mesmo, em relação a leis, costumes e vizinhos. (*GC*, §143).

Essa "válvula de escape" para a pressão de gregarização parece ter sido obstruída numa etapa seguinte da história, com o advento do monoteísmo: "esse rígido corolário da doutrina de um só homem normal — a crença num só deus normal, além do qual há apenas falsos deuses enganadores" (*GC*, §143). Ou seja, esse evento teria representado um estreitamento dos modos de vida e temperamentos individuais possíveis e justificáveis perante a regra. Essa narrativa introduz uma hipótese interessante sobre a intensificação do instinto de rebanho, operada pelo monoteísmo — essa mudança teria tido um efeito regressivo, talvez "o maior perigo para a humanidade até então":

> Ela [a humanidade] foi ameaçada pela prematura estagnação que, tanto quanto podemos ver, a maioria das outras espécies animais atingiu há muito tempo; em que todos creem num só tipo normal e ideal em sua espécie, tendo definitivamente traduzido a moralidade dos costumes em sua carne e seu sangue. (*GC*, §143).

A interpretação dessa passagem altamente especulativa requer o auxílio de algumas coordenadas encontradas nas obras seguintes. Primeiro, é preciso lembrar que Nietzsche pensa o humano como "o animal não fixado" ou "o animal ainda não determinado" (*ABM*, §62). Essa ideia ressalta a singularidade da condição humana, excepcionalmente adaptável a uma infinidade de regimes pulsionais, modos de vida, hierarquias valorativas e sistemas de pensamento. Por outro lado, a maleabilidade do humano teria sido vista como um risco e um incômodo por parte daqueles "melhoradores da humanidade", investigados no *Crepúsculo dos Ídolos*. Daí, justamente, que tenham recorrido a — e até hipertrofiado — o instinto de rebanho como ferramenta de padronização e estabilização do comportamento.

Nietzsche, por sua vez, aposta nessa condição de não-fixação como um traço valiosamente distintivo do humano em relação aos outros animais, como uma potência propriamente humana. E num momento em que a humanidade se prepara para uma transição dos regimes de organização social, seria possível recuperar algo da "humana liberdade e variedade de pensamento" que "estava prefigurada" na experiência anterior do politeísmo: "a força pra criar para si olhos novos e seus, sempre novos e cada vez mais seus; de modo que somente para o homem, entre todos os animais, não existem horizontes e perspectivas eternas" (*GC*, §143).

Por oposição, o caráter fixador do instinto de rebanho é confirmado em outros momentos de *A Gaia Ciência*:

> Uma reputação sólida costumava ser extremamente útil; e onde quer que a sociedade continue a ser dominada pelo instinto de rebanho, é ainda muito conveniente, para cada indivíduo, fazer com que seu caráter e sua ocupação sejam tidos por imutáveis, mesmo que no fundo não sejam. (*GC*, §296).

Vale ressaltar a ideia de que nem toda sociedade é "dominada" pelo instinto de rebanho, o que sugere a possibilidade de diferentes dosagens e ajustes desse fator. Ainda, que o indivíduo que quer se beneficiar por uma sociedade em que esse instinto é dominante precisa, acima de tudo, *parecer* sólido e imutável, mesmo que no fundo não seja. Ao passar essa impressão, ele é percebido pela sociedade como um

> *instrumento* confiável e sempre disposto — ela presta o máximo de honras a essa *natureza de instrumento*, a essa fidelidade a si mesmo, essa invariabilidade nas opiniões, nas aspirações e até nos defeitos. (*GC*, §296).

A confiabilidade do tipo moral, gregário, não está na solidez da sua vontade; este é um atributo do tipo contrário, soberano, livre. No caso do tipo gregário não há, de fato, qualquer referência à sua vontade, ela em momento algum é convocada. O jogo social de que depende a sua sólida reputação se fia na previsibilidade da sua "ocupação", das suas "opiniões" e "aspirações", socialmente recebidas em detrimento de uma vontade própria. Há aqui uma indicação importante, a de que o instinto de rebanho opera, fundamentalmente, no plano da subjetividade, e é por isso que, do ponto de vista do rebanho, nada há de mais perigoso do que o indivíduo de livre-pensamento:

> Uma tal avaliação, que em toda parte floresce e floresceu juntamente com a moralidade dos costumes, educa o "caráter" e *difama* toda mudança, toda reaprendizagem e transformação de si. Por maior que seja, de resto, a vantagem desse modo de pensar, para o

> *conhecimento* ele é a mais nociva espécie de julgamento geral: pois aí é condenada e difamada precisamente a disposição que tem o homem do conhecimento para, de maneira intrépida, declarar-se a qualquer momento *contra* a sua opinião prévia e ser desconfiado em relação a tudo aquilo que quer se tornar *sólido*. (*GC*, §296).

Essa polarização entre o homem de rebanho e o homem de conhecimento é ilustrada, ainda na *Gaia Ciência*, pelo conflito entre Sócrates e seus contemporâneos. Com Sócrates, a "estupidez" teria perdido momentaneamente o monopólio da boa consciência, uma vez que seu modelo de autonomia de pensamento e reflexão ética se lançou à disputa pelo posto de melhor promotor da felicidade, contra aquele modo de vida regido pelo instinto de rebanho (*GC*, §328). Nesta que é a última ocorrência da expressão instinto de rebanho em *GC*, encontramos a afirmação de que este teria sido beneficiário de uma campanha milenar contra o "egoísmo", uma campanha que subtraiu à perspectiva egoísta "muito de espírito, jovialidade, inventividade, beleza; embruteceu, enfeou e envenenou o egoísmo" (*GC*, §328).

Essa afirmação convoca ao retorno àquele momento anterior do livro que distingue dois tipos ou duas "qualidades" de "egoísmo" (*GC*, §49), e dá ensejo a alguns outros esclarecimentos. Até aqui, parece bastante clara a ideia de que o instinto de rebanho funciona como um opositor da liberdade de pensamento; sua principal função é evitar que o indivíduo perceba a si mesmo como indivíduo, e portanto como alguém capaz de desenvolver um ponto de vista próprio sobre si mesmo, seus impulsos, seus valores e hábitos, sua vontade e seus atos.

Já no primeiro fragmento póstumo a registrar a expressão "instinto de rebanho", ele é apresentado como o fator mediante o qual o *Eu* (*Selbst*) passou a ser visto como algo absurdo[50]. Colocando-se na contramão de toda atividade de autotransformação, porque na contramão de qualquer

---

50. "Ursprünglich Heerde und Heerden-Instinkt; das Selbst als Ausnahme, Unsinn, Wahnsinn von der Heerde empfunden." (NF 1882, 3[1]).

atividade *autônoma* e pessoal, o instinto de rebanho opera a fixação e padronização do humano. Mas tendo dito isso, restam algumas questões sobre *como* o instinto de rebanho opera esse direcionamento.

Uma primeira pista, já mencionada, está na ideia de que o nicho próprio de atuação do instinto de rebanho é o campo da subjetividade. Mas é possível ser mais específico: o veículo de inoculação do instinto de rebanho é a atividade consciente, essa espécie de mercado social de opiniões, crenças, valores e hábitos, especialmente designada para funções de gregarização (*GC*, §354). O instinto de rebanho teria à sua disposição, portanto, todo um aparato de ferramentas próprias ao campo da consciência. Essas ferramentas seriam fundamentalmente: a comunicação linguística e o *Eu* (ego) enquanto criação social.

Como vimos no primeiro capítulo, a estrutura sintática da linguagem tem um papel na fixação de um sentido de Eu — ao implantar a função abstrata de um sujeito por trás dos próprios atos — enquanto os hábitos semânticos definem os contornos da autoimagem que esse Eu projeta para si ao interpretar suas vivências subjetivas segundo os termos comuns. Ao fim e ao cabo, formamos uma ideia de Eu através da comunicação social, mesmo mecanismo que permite afinar os Eus entre si, com vistas à maior semelhança de rebanho (RICHARDSON, 2004, p. 86; COSTA, CARVALHO JR., 2015, p. 220).

Esses mecanismos sociais funcionam como um interceptador do mecanismo de satisfação dos impulsos, como um "poder moderador". Através deles, o instinto gregário consegue se estabelecer como mais forte do que qualquer outro impulso individual, e com isso programar cada membro do rebanho para se comportar de modo imitativo. Richardson (2004, p. 86) sugere, por isso, que pensemos no instinto de rebanho como o programador de um "meta-hábito": um hábito que, uma vez instalado, orienta o comportamento individual para a imitação dos hábitos do rebanho, quaisquer que sejam. Concomitantemente, o rebanho passa a valorizar aqueles comportamentos mais facilmente "viralizáveis", promotores da homogeneização do rebanho.

O instinto de rebanho teria, portanto, um efeito remodelador das conformações pulsionais dos sujeitos morais. Assim, em cada indivíduo moral, pode ser que haja um instinto dominante diferente, ou mesmo que não haja nenhum, mas sua *estrutura* geral é moldada pelo instinto de rebanho, que define uma orientação necessariamente externa ao indivíduo. O indivíduo moral pode ser movido, por exemplo, pela vaidade, ou pela vingança, ou pelo medo, de todo modo, sua conformação moral segundo o instinto de rebanho estabelece que a forma de satisfação típica de cada impulso se dará de modo moral, ou seja, segundo as práticas de satisfação socialmente promovidas. Por fim, essas práticas acabam por selecionar os instintos mais "adaptados" à vida gregária e por tornar-se também um "meta-valor": um princípio que estabelece o valor dos valores em função de sua maior utilidade à promoção da unidade de grupo.

Essa orientação gregária de satisfação dos impulsos encontraria seu "opositor natural" no instinto de liberdade. A inculcação social do sujeito que deve se adequar e tornar-se ao máximo semelhante aos outros sujeitos de seu grupo, seria o contrário da constituição de um *Eu* em sentido real e pleno. Esta construção muito mais rara depende da atenção individual a todos aqueles fatores pessoais que correspondem, em última instância, à possibilidade de uma vontade pessoal, e que são precisamente os fatores neutralizados pelo instinto de rebanho. É muito curioso o *insight* nietzschiano segundo o qual esse simulacro de *Ego*, inoculado pelo instinto de rebanho, promove uma autopercepção dos sujeitos como seres egoístas:

> *O aparente egoísmo.* — A grande maioria dos homens, não importa o que pensem ou digam do seu "egoísmo", nada fazem durante a vida por seu *ego*, mas apenas pelo fantasma de *ego* que sobre eles formou-se nas mentes à sua volta e lhes foi comunicado — em consequência, vivem todos numa névoa de opiniões impessoais e semipessoais e de valorações arbitrárias, como que poéticas, um na mente do outro, e essa mente em outras: um estranho mundo de fantasmas, que sabe mostrar uma aparência tão sóbria! Essa névoa de opiniões e hábitos cresce e vive quase de forma independente das pessoas que envolve; dela depende o enorme efeito dos juízos universais sobre o "homem" — todos esses homens desconhecidos

> de si próprios acreditam na exangue abstração "homem", ou seja, numa ficção; e toda mudança realizada nessa abstração pelos juízos de indivíduos poderosos (como príncipes e filósofos) influi extraordinariamente e em medida irracional sobre a grande maioria — tudo pela razão de que nenhum indivíduo dessa maioria é capaz de contrapor à pálida ficção universal um *ego* real, a ele acessível e por ele examinado, e assim aniquilá-la. (*A*, §105).

Se o egoísmo de rebanho[51] é algo fantasmático, é porque ele resulta de um mecanismo de reprodução social de aspirações iguais, pré-moldadas, padronizadas, e impessoais. O mais importante, nesse caso, não é querer algo para si, é querer o que o rebanho quer. O instinto de rebanho opera, assim, um sacrifício da vontade pessoal — esse é o seu preço de entrada. Isso significa, curiosamente, que quando o humano de rebanho se abstém dos próprios desejos em nome da abnegação altruísta, o que está sacrificando, de fato, são essas aspirações fantasmáticas engendradas pelo próprio rebanho; sua possibilidade de vontade pessoal já foi entregue há muito tempo.

Nesse ponto é importante esclarecer que a homogeneização operada pelo instinto de rebanho pode servir para promover qualquer tipo de valor, o que de fato já teria acontecido em diferentes momentos da história, segundo a interpretação de Nietzsche. Esse mecanismo antiquíssimo certamente teve o seu papel na estabilização dos comportamentos de cooperação e solidariedade grupal, que tendem a acontecer sob os mais diferentes regimes morais. Contudo, o advento de uma moral fundamentada no "altruísmo" e na "compaixão", marca um momento de hipertrofia do instinto de rebanho, exigindo a máxima despersonalização dos indivíduos. Essa moral teria promovido a ideia absurda de que o homem bom é aquele que não é benevolente e beneficente para si mesmo — "precisamente isto: fugir do ego e odiá-lo, e viver no outro, para o outro — foi

51. A expressão "egoísmo de rebanho" é proposta por Oscar Santos em sua tese sobre o tema (SANTOS, 2019, p. 18).

até agora considerado, de forma irrefletida e muito confiante, "altruísta" e, portanto, "bom"! (*A*, §516)"

A moral cristã promove a máxima identificação entre os indivíduos ao valorizar positivamente a *com-paixão*, ou seja, a sintonização e regulação dos estados subjetivos a partir do sofrimento do outro; e a abnegação, o comportamento pessoalmente *desinteressado*. A moral da compaixão se associa a uma série de mecanismos de obstrução das possibilidades de resistência individual à regra; esses mecanismos, profundamente estudados ao longo da obra, incluem: confusão mental, hiperexcitação das emoções, inibição intelectual, pauperização subjetiva, passividade, dependência, má interpretação, etc. Vejamos, por exemplo, esta passagem de *Aurora*:

> *Por que duplicar o "Eu"?* — Observar nossas vivências com o olhar com que costumamos observá-las quando são as vivências de outros — isso tranquiliza bastante e é um remédio aconselhável. Mas observar e acolher as vivências de outros *como se fossem nossas* — a exigência de uma filosofia da compaixão —, isso nos destruiria em pouco tempo: apenas façam a tentativa e deixem de fantasiar! Além disso, a primeira máxima é certamente *mais conforme* à razão e à boa vontade de ser racional, pois julgamos o valor e o sentido de uma ocorrência de modo mais objetivo, quando sucede a outros e não a nós: por exemplo, o valor de um falecimento, de uma perda de dinheiro, de uma calúnia. Já a compaixão como princípio de ação, com a exigência de sofrer com o infortúnio do outro como ele mesmo, implicaria que o ponto de vista do Eu, com seu exagero e excesso, também se tornasse o ponto de vista do outro, do compassivo: de forma que teríamos de sofrer ao mesmo tempo com o nosso Eu e o do outro, e nos sobrecarregaríamos voluntariamente de um duplo contrassenso, em vez de tornar mais leve o peso do nosso. (*A*, §137).

Esta passagem sintetiza as várias críticas de Nietzsche à moral da compaixão, e por isso convida a algumas observações. Vale observar, em primeiro lugar, que a moral da compaixão é entendida aqui como uma regra inatingível, irrealizável. Isso coloca a moral da compaixão na vizinhança da hipocrisia ou do delírio, já que promove um valor que ninguém consegue instanciar de fato. Na obra madura, Nietzsche identificará o traço irrealizável das exigências morais como seu traço *niilista*, negador da vida[52]. Mas além disso, somos avisados de que essa realização tampouco seria desejável, pois essa moral não só dispõe dos piores métodos de análise e intelecção, sendo contrária a toda "boa vontade racional", como também carece de valor terapêutico — ao multiplicar o sofrimento por contágio, ela funciona como o contrário de um bom remédio.

É claro que esse diagnóstico coloca a filosofia nietzschiana frente ao problema de explicar por que, então, sendo tão onerosa, a moral da compaixão tornou-se bem sucedida ao ponto de ganhar dominância na cultura ocidental. Nietzsche admitirá que apesar de seus efeitos debilitadores, também a moral da compaixão é capaz de funcionar como um fator de conservação da vida (*A*, §104; *GM*, III, §13). Na *Genealogia*, a moral da compaixão é apresentada como última e mais rigorosa expressão dos ideais ascéticos, cuja lógica negativa é pautada pela debilitação das funções vitais e quebrantamento da vontade pessoal; o triunfo desse ideal é explicado segundo a fórmula paradoxal de que o humano: "preferirá ainda *querer o nada a nada querer*" (*GM*, III, §1).

O poder sacerdotal se firma, assim, com a promessa de conservação da vida, desde que em condições debilitadas, no interior do rebanho. Ao analisar este ponto, Edmilson Paschoal conclui:

> Toda essa artimanha pode ser interpretada também como uma estratégia de afirmação da moral do rebanho, nesse sentido, um *estimulante,* um *remédio,* na medida em que se soma ao propósito geral do rebanho: a sua "universal felicidade em pasto verde, com segurança, ausência de perigo, bem-estar e felicidade para todos...".

---

52. Argumento desenvolvido ao longo da terceira dissertação da *Genealogia da Moral*. Ver também MAY, 2009.

> (*ABM*, §44) O que se obtém com a redução ao máximo de todo impulso vital e o pleno controle sobre os membros da coletividade. (PASCHOAL, 2006, p. 260).

Essa "felicidade em pasto verde" depende, portanto, da obstrução de toda experiência autenticamente pessoal, toda experiência externa ao rebanho. Por atacar todas as condições de construção do *Eu* em sentido pleno, ela funcionaria como um empecilho ao surgimento dos tipos excepcionais. Um antagonista grave, pois sua estratégia estaria em "usar a força para estancar a fonte da força" (*GM*, III, §11). Sobre esse ponto, Paschoal comenta que a moral de rebanho "parte da estranha premissa da extirpação da força como condição de sociabilidade" (PASCHOAL, 2006, p. 261). *Além de bem e mal* trata com alarde a expansão da dominância do instinto de rebanho:

> A singular estreiteza da evolução humana, seu caráter hesitante, lento, com frequência regressivo e tortuoso, deve-se a que o instinto gregário da obediência é transmitido mais facilmente como herança, em detrimento da arte de mandar. Se imaginarmos esse instinto levado à aberração, acabarão por faltar os que mandam e são independentes; ou sofrerão intimamente de má consciência e precisarão antes de tudo se iludir, para poder mandar, isto é, acreditar que também eles apenas obedecem. Essa situação existe realmente na Europa de hoje: eu a denomino a hipocrisia moral dos que mandam. Não sabem se defender de sua má consciência, a não ser posando de executores de ordens mais antigas ou mais elevadas (dos ancestrais, da Constituição, do direito, das leis ou inclusive de Deus), ou tomando emprestadas máximas-de-rebanho ao modo de pensar do rebanho, aparecendo como "primeiros servidores de seu povo" ou "instrumentos do bem comum". Por outro lado, na Europa de hoje o homem de rebanho se apresenta como a única espécie de homem permitida, e glorifica os seus atributos, que o tornaram manso, tratável e útil ao rebanho, como sendo as virtudes propriamente

> humanas: a saber, espírito comunitário, benevolência, diligência, moderação, modéstia, indulgência, compaixão. (*ABM*, §199).

Há alguns pontos a serem extraídos aqui, a começar pela definição final de instinto de rebanho como um instinto de obediência. É por este motivo que se torna uma ferramenta indispensável à implantação de *qualquer* regra moral "como uma espécie de *consciência formal* que diz: 'você deve absolutamente fazer isso, e absolutamente se abster daquilo', em suma, 'você deve'" (*ABM*, §199). Esse instinto teria se desenvolvido ao ponto da "aberração", promovendo a máxima má consciência em relação às atividades de independência e mando. O instinto de rebanho teria conquistado hegemonia para promover um sistema valorativo próprio, que são aqueles valores maximamente gregários, listados ao final da citação: "espírito comunitário, benevolência, diligência, moderação, modéstia, indulgência, compaixão". Por fim, faz parte do funcionamento moral o fato de que, por parte de seus arrebanhados, esse sistema seja interpretado como único sistema moral possível.

O problema se agrava, então, porque além de promover a máxima despersonalização, essa moral requer para si o monopólio da vida ética, fundado num suposto saber sobre o valor definitivo de bem e mal, como se vê algumas seções à frente:

> Evidentemente se "sabe", na Europa, o que Sócrates acreditava não saber, o que a velha e famosa serpente prometeu ensinar: hoje se "sabe" o que é bem e mal. Deve então soar duro e pouco agradável aos ouvidos, se de novo insistimos: o que aqui julga saber, o que aqui se glorifica com seu louvor e seu reproche, e se qualifica de bom, é o instinto do animal de rebanho no homem: o qual irrompeu e adquiriu prevalência e predominância sobre os demais instintos, fazendo-o cada vez mais, conforme a crescente aproximação e assimilação fisiológica de que é sintoma. *Moral é hoje, na Europa, moral de animal de rebanho:* — logo, tal como entendemos as coisas, apenas *uma* espécie de moral humana, ao lado da qual, antes da qual, depois da qual muitas outras morais, sobretudo

> *mais elevadas*, são ou deveriam ser possíveis. Contra tal "possibilidade", contra tal "deveriam" essa moral se defende com todas as forças, porém: ela diz, obstinada e inexorável: "Eu sou a moral mesma, e nada além é moral!". (*ABM*, §202).

Por promover os valores mais debilitantes e defender do modo mais estrito e intransigente possível seu direito exclusivo sobre a vida ética, a moral vigente se torna alvo prioritário do ataque de Nietzsche. Por outro lado, a pretensão de exclusividade e universalidade parece ser uma característica de todo sistema moral. Todas elas combatem, no fundo, o que se tem de mais pessoal. Veja-se, por exemplo:

> Todas essas morais que se dirigem à pessoa individual para promover sua "felicidade", como se diz — que são elas, senão propostas de conduta, conforme o grau de *periculosidade* em que a pessoa vive consigo mesma; receitas contra suas paixões, suas inclinações boas e más, enquanto têm a vontade de poder e querem desempenhar papel de senhor (*ABM*, §198).

Segundo a denúncia, o que os sistemas morais chamam de felicidade não passa de "receitas" de arrefecimento das paixões e destituição do "papel de senhor". O "perigo", aqui, seriam todas as inclinações pessoais, "boas e más", e com isso levanta-se a suspeita altamente intrigante de que os sistemas morais carecem, de fato, de um critério de distinção de valor entre o que é bom e o que é ruim no interior das inclinações pessoais. Enquanto expressões de vontade de poder todas elas são tomadas por fatores de periculosidade para o ponto de vista moral, que dispõe então de:

> pequenas e grandes artimanhas e prudências, cheirando a remédios caseiros e sabedoria de velhotas; todas elas barrocas e irracionais na forma — porque se dirigem a "todos", porque generalizam onde não pode ser generalizado —, todas elas falando em tom incondicional, todas elas condimentadas com mais de um grão de

> sal, mas apenas toleráveis, e por vezes até sedutoras, quando aprendem a soltar um cheiro excessivo e perigoso, "do outro mundo": tudo isso tem pouco valor medido intelectualmente, está longe de ser "ciência", menos ainda "sabedoria"; na verdade é, diga-se mais uma vez, diga-se três vezes, prudência, prudência, prudência, mesclada com estupidez, estupidez, estupidez (*ABM*, §198).

A precariedade e insalubridade das soluções morais contrastam, então, com suas reivindicações de incondicionalidade e universalidade. Na sequência, encontra-se uma lista surpreendentemente longa de exemplos de sistemas morais a que se dirigem essas acusações:

> Quer se trate da indiferença e frieza de estátua frente ao exuberante desatino dos afetos, que os estoicos prescreviam e aplicavam; ou do não-mais-rir e não-mais-chorar de Spinoza, a destruição dos afetos mediante análise e vivissecção, tão ingenuamente preconizada por ele; ou da redução dos afetos a uma mediania inócua, na qual seja permitido satisfazê-los: o aristotelismo da moral; ou mesmo da moral como fruição dos afetos numa intencional diluição e espiritualização pelo simbolismo da arte, em forma de música, digamos, ou de amor a Deus, e ao próximo em nome de Deus — pois na religião as paixões readquirem cidadania, contanto que...; quer se trate afinal do complacente e travesso abandono aos afetos, tal como Hafiz e Goethe ensinaram, aquele ousado afrouxamento das rédeas, a espiritual e carnal *licentia morum* [licença nos costumes] praticada excepcionalmente por velhos sábios excêntricos e bêbados, para os quais "já não há perigo". Também isto para o capítulo "Moral como pusilanimidade" (*ABM*, §198).

A conclusão do aforismo, um tanto provocadora, inclui a lógica de conservação de energia, junto com as exigências de obediência, exclusividade e universalidade, como traço comum a todo sistema moral. A esta altura pode-se considerar que há elementos textuais suficientes indicando que *toda* moral, enquanto regra externa e *impessoal* a definir o comportamento e o horizonte valorativo individual, conta como um adversário em potencial dos valores nietzschianos. O objetivo dessa oposição, ao que nos parece, é abrir espaço para a emergência daqueles indivíduos excepcionais que contam como suas próprias fontes de criação de valor. É possível dizer que, enquanto a filosofia nietzschiana trava uma guerra específica contra a moral cristã, os outros sistemas morais, também eles instrumentos de obediência, arrebanhamento e arrefecimento, permanecem sob suspeita.

Essa suspeita está registrada, com todas as letras, pelo menos desde *Aurora*, livro em que Nietzsche diz ter iniciado sua "campanha" contra a moral; lá já encontramos a fórmula de que "o homem livre é não-moral" (*A*, §9), porque qualquer ação que se constitua precisamente como individual e não como mera obediência à tradição, é considerada imoral, e isso em qualquer tradição; o resultado teria sido um enorme acréscimo de sofrimento desnecessário para "melhores" indivíduos (*A*, §9).

A generalidade da crítica nietzschiana à moral abre espaço para uma interpretação interessante: conquanto o conteúdo específico da moral cristã — a inflação dos valores de compaixão e abnegação — seja alvo de ataque, Nietzsche parece muito interessado em não perder de vista o *modo* de funcionamento da moral, ou ainda, da atividade moralizante, em geral. Esse modo caracterizaria uma forma específica de transmissão dos valores, e vários personagens conceituais ajudam a localizar os operadores da moral: o espírito cativo, o sacerdote, os melhoradores da humanidade.

A atividade dessas figuras tende a produzir um tipo específico de relação com os valores, uma relação que Nietzsche define como "apenas moral" (*ABM*, §219). O homem "apenas moral", assim produzido, seria marcado por uma relação despersonalizada com a vida dos valores, e por isso mesmo, uma relação menos genuína. O principal engajamento normativo desse tipo se realizaria nas atividades de "julgar e condenar moralmente" (*ABM*, §219). Daí a crítica: "Que me perdoem a descoberta de que até agora todas as filosofias morais foram enfadonhas e soporíferas — e de que nada prejudicou mais 'a virtude', a meus olhos, do que o *enfado* de seus advogados" (*ABM*, §228).

Nietzsche está disposto a reconhecer os ganhos culturais que eventualmente resultaram do proselitismo moral, talvez até como efeitos colaterais. Esse ganho aparece

> como rebento final de qualidades morais; que é uma síntese de todos aqueles estados atribuídos ao homem 'apenas moral', após terem sido adquiridos isoladamente, através de longa disciplina e exercício e talvez por cadeias de gerações (*ABM*, §219).

A conquista de um ponto de vista supramoral inaugura uma nova relação com os valores, e seria atestada pela redução da inclinação punitiva. Com o declínio do regime moral, o tipo livre reconhece que a "superior espiritualidade é justamente a espiritualização da justiça, e daquele rigor bondoso que se sabe encarregado de manter no mundo a hierarquia entre as coisas mesmas — e não só entre os homens" (*ABM*, §219).

Nossa interpretação é de que os diferentes *modos* de vida ética são configurados segundo o *instinto* dominante a mediar a relação com os valores. Se a relação com os valores é mediada fundamentalmente pelo instinto de rebanho, produz-se o homem "apenas moral"; já o cultivo do instinto de liberdade conta como pré-requisito para a construção de uma relação pessoal dos valores, de que depende uma "superior espiritualidade".

Se o fiel da balança do valor dos valores deve ser estabelecido em termos de vontade de poder, como indicam as últimas obras, há que se procurar, nessas obras, uma razão por que a liberdade contaria como o valor que promove *mais poder*, e seguir as pistas do que poderia ser uma normatividade prática fundada no valor de liberdade.

4.3 Um valor imoralista

Sob certo ponto de vista, a defesa nietzschiana do instinto de liberdade e tudo o que ele implica de potencialmente disruptivo se justifica por uma necessidade circunstancial — a necessidade de reequilibrar a vida dos valores num contexto em que a liberdade e os valores a ela associados sofrem com a intensa perseguição do regime moral, enquanto "os impulsos e pendores opostos alcançam honras morais" (*ABM*, §201). Denunciar a cooptação moral dos valores e promover a parte prejudicada faria parte da tarefa de todo filósofo, aquela de servir como a "má consciência" de seu próprio tempo, apontando-lhe o que deve ser superado (*ABM*, §212).

Além disso, o instinto de liberdade está associado a tudo aquilo que permitiria ao indivíduo "erguer-se" acima do rebanho, desenvolver uma "espiritualidade superior e independente" (*ABM*, §201), e isso já é razão suficiente para que esse instinto receba um valor prioritário. O cultivo do instinto de liberdade está associado à realização da excelência daqueles indivíduos que conseguem atingir uma maior *integração* entre seus impulsos e valores, ao mesmo tempo em que cada impulso e valor tornam-se individualmente mais fortes. A maestria do tipo livre estaria em conseguir dar forma a essa profusão de potências pulsionais e valorativas, mantidas em pleno agonismo. A manutenção do conflito deve impulsionar tanto a força quanto a diversidade das partes, inclusive as mais raras e frágeis. A unidade complexa que emerge seria tanto mais potente quanto apta a gerir-se sem recorrer à norma moral. Onde houver instinto de liberdade, a possibilidade de engajar-se em uma prática libertária é a oportunidade de florescimento.

Dentre os tipos de exceção, o tipo *mais livre* é de especial interesse na filosofia nietzschiana, e conta como destinatário de primeira ordem dos seus escritos. É aos potenciais realizadores desse tipo que Nietzsche endereça o seu próprio ideal de liberdade como um programa específico de cultivo de si, a ser realizado por engajamento pessoal no cultivo de impulsos e valores, mediante o qual se pode forjar uma vontade forte. Ainda, ao dizer que há um programa específico de cultivo nietzschiano da liberdade nos referimos ao fato de que segundo o diagnóstico nietzschiano, sua época possibilitaria um novo tipo de liberdade, ou seja, uma liberdade pós-moral ou extra-moral, anunciada sempre como um imenso ganho cultural, a definir uma nova fase da história.

A liberdade no sentido nietzschiano, como uma atividade de cultivo dos próprios impulsos e valores a partir de um referencial pessoal, sem prescindir dos recursos culturais herdados, abre a possibilidade de um incremento de potência. Para o indivíduo assim cultivado, trata-se de um exercício de poder *sobre* os próprios impulsos e valores. Essa oportunidade se dá num momento histórico marcado por alguns fatores que podem contribuir para uma intensificação sem precedentes desse exercício de força: o declínio da Lei moral enquanto autoridade externa, simbolizado pela morte de Deus, e a plurificação das forças e referências culturais, própria dos tempos modernos (*ABM*, §224). Em consonância com essa paisagem conceitual, o tipo livre extramoral realizaria, em si mesmo, *mais* potência do que o tipo moral.

Acima de tudo, há a aposta de que a passagem para uma era pós-moral, em sua versão mais potente, depende do cultivo da liberdade. Esse tipo de liberdade conta como pré-requisito para a atividade de *transvaloração* dos valores. Enquanto o escravo é caracterizado como incapaz de criar valores por si, e o nobre se caracteriza como aquele que cria valores em nome da tradição com a qual se identifica, o cenário de declínio da moral exigiria, cada vez mais, a capacidade de criação autônoma de valores, atividade vital para a renovação da esfera normativa e superação do niilismo[53]. O tipo livre, por vir, está associado aos ganhos culturais próprios a esse momento, dentre eles a aquisição de um sentido histórico, a partir do qual estabelece uma relação a um tempo crítica e afirmativa da própria herança.

Nietzsche dá a entender que todas as esferas da cultura se beneficiariam com a ascensão desse tipo, na medida em que ele é capaz de promover produtos não-morais e formas não-morais de vida cultural, assimiláveis em diferentes graus pelos diversos membros da sociedade, mesmo aqueles que não são fortemente regidos pelo instinto de liberdade. A produção de exemplares mais livres teria um impacto positivo na cultura na medida em que serve para impulsionar o agonismo entre os vários modos de vida possíveis, atraindo diversos indivíduos para o exercício de superação e

53. Simon May sugere uma equiparação entre liberdade e superação do niilismo, como a capacidade de afirmar a própria história e assumir responsabilidade pelos próprios valores (MAY, 2009, p. 106).

autossuperação e expandindo o repertório cultural (OWEN, 2013, p. 80). Ou seja, o tipo mais livre, extra-moral, seria capaz de, em alguma medida, melhorar o saldo geral de liberdade da sociedade como um todo.

O exemplo mais visível dessa possibilidade seria a promoção de uma cultura menos punitivista, de que tratamos nos capítulos anteriores sob a ideia de abolicionismo penal. Mas há ainda que se considerar que o tipo mais livre seria um realizador de valores não-morais, passíveis de difusão por meio cultural. Essa mudança de regime, a ser operada por e em benefício do tipo livre, se torna tanto mais urgente frente ao diagnóstico de que os valores morais seguem em pleno curso sua sina niilista de desvalorização.

Nesta leitura, a proposta nietzschiana de superação do niilismo consiste num *experimento* imoralista. Se é impossível extrair um sistema ético completo do imoralismo nietzschiano isso se deve ao fato de que a campanha contra a moral ainda estaria em curso, sem resultados definidos, de modo que qualquer sistema alternativo se expõe ao risco de contaminação moral. Esse risco é atestado historicamente pela enorme capacidade da moral cristã de cooptar as mais diversas esferas valorativas, redefinindo as feições das virtudes, dos valores estéticos, políticos, etc.

A aposta no cultivo de instintos libertários, ao carecer de um sistema positivo de normas, pode ser entendida como um experimento imoralista a ser balizado por alguns indicadores formais. Nas diversas práticas e valores a serem experimentados, esses indicadores se referem, fundamentalmente, à capacidade de *intensificar* o engajamento e a atividade vital dos agentes e promover a *integração* entre instintos e valores. Por outro lado, o experimento deve servir para reduzir um tipo de sofrimento específico que teria sido impulsionado pela hipertrofia do instinto de rebanho e a inflação moral, um sofrimento que tem a ver com a desmesura do sentido de punição, o ressentimento, a despersonalização dos agentes e o estreitamento dos modos de vida possíveis.

O antagonismo entre o instinto de liberdade e o funcionamento moral do instinto de rebanho permite identificar dois grandes tipos de orientação valorativa, que podem balizar o experimento imoralista. Por parte do instinto de rebanho, tem-se a promoção da unidade e coesão do grupo, a padronização do comportamento individual a favor da comunidade, do comum, do familiar, da conservação, do pensamento único, da fé, da compaixão e, em sua forma mais extrema, da abnegação. Por parte do instinto de liberdade, a lógica de intensificação dos instintos, a afirmação das inclinações pessoais, dos instintos insurgentes, da independência, singularidade, espontaneidade e em suas formas mais espirituais, a promoção da integração pessoal entre instintos e valores, dos indivíduos excelentes, da complexidade e da raridade, e até mesmo, de uma virtude muito nietzschiana, que é a solidão[54]. Enquanto meta-valor, o instinto de rebanho estabelece o valor dos valores segundo a cotação moral corrente no grupo; o instinto de liberdade, ao contrário, estabelece o valor dos valores segundo a singularidade da vontade.

A maior vantagem de se abandonar o discurso moral a favor de um discurso político operado pela ideia de vontade de poder é abandonar de vez a impostura envolvida na exigência de que nossos valores se fundamentem em algo externo a nossas inclinações e interesses, enfim, em algo externo a nós mesmos.

Embora nossas práticas de atribuição de valor emerjam como o resultado parcial e circunstancial da luta entre os impulsos ou vontades de poder, processo no qual se recorre, imprescindivelmente, a constructos teóricos que são, no fundo, ficcionais — a atividade de criação e atribuição de valor é, afinal, uma necessidade vital incontornável, e como tal deve ser reafirmada e gozar de boa consciência. Essa tese foi incorporada por Nietzsche desde seus anos de formação, mas ganha uma coloração diferente a partir da emergência do conceito de vontade de poder. Essa mudança de tom indica um recuo em relação à ideia de que a atividade intelectual seria capaz de neutralizar os afetos de atração e repulsa que cercam nossa relação com os valores. Esta é uma ideia que tem uma vida curta na obra nietzschiana, e parece ser abandonada logo após os dois volumes de *Humano*, que apostavam em um desdobramento positivo da cultura moderna à

54. Sobre a solidão como virtude, ver especialmente: *ABM*, §284.

medida que esta levasse a um "novo hábito, o de compreender, não amar, não odiar, abranger com o olhar" (*HH*, §107).

Ou seja, naquele momento, havia a aposta de que a passagem para uma cultura extramoral dependeria do arrefecimento das paixões, para o qual a cultura intelectual moderna forneceria subsídios suficientes. Os livros seguintes trazem uma revisão das implicações entre conhecimento, impulsos e valores. *A Gaia Ciência* insiste, ao contrário, que o conhecimento resulta da luta entre os impulsos, em especial os impulsos de "zombar, lamentar, maldizer", precisamente aqueles impulsos que Spinoza proscreveu da atividade intelectual ao cunhar a fórmula "Non ridere, non lugere, neque detestari, sed intelligere! [Não rir, não lamentar nem detestar, mas compreender!" — pela qual é criticado nessa passagem (*GC*, §333)[55].

Essa mudança reflete o desenvolvimento de uma filosofia dos impulsos fundada no princípio de poder, de modo que o aprofundamento das investigações sobre o poder leva a um ponto de vista diferente sobre os efeitos do conhecimento, bem como a um novo ponto de vista sobre o que significa, afinal, realizar uma crítica dos valores. Essa crítica deve partir, agora, da constatação de que também a atividade intelectual, como todas as outras atividades, é palco de uma disputa de afetos e valores, de modo que o ato de conhecer não se liga ao arrefecimento mas à intensificação da vida dos impulsos. A esta primeira constatação se segue uma outra, decisiva para o rumo assumido na obra de maturidade — a de que os afetos morais só podem ser combatidos, afinal, através de outros afetos e valores. Dito de forma sucinta: é o desenvolvimento de uma filosofia do poder que permitirá a Nietzsche desenvolver uma teoria do valor em sua forma mais acabada, abrindo caminho para o projeto de "transvaloração dos valores".

Frente a esse cenário, o desafio colocado pela filosofia nietzschiana é aquele de pensar as práticas de atribuição de valor a partir do modelo imanentista das disputas e negociações entre vontades de poder. Isto levaria à conclusão de que estamos autorizados a atribuir valor a diferentes

55. Ver também *GC*, §37.

ações, conforme elas sejam expressão de vontades mais fortes ou mais fracas, desde que renunciemos à pretensão de encontrar uma *justificação* última para os valores criados, pois não há, efetivamente, nenhuma instância externa ao próprio jogo de forças que possa lhes servir de árbitro. Lembrando que forte e fraco são conceitos relativos a configurações singulares (*GC*, §118), os valores criados devem ser pensados — e enfrentados, se for o caso — de modo singular, como respostas a batalhas específicas travadas no interior do corpo de uma pessoa, ou de um grupo, ou de vários grupos entre si. Contrariando a pretensão moral de que os valores tenham valor *incondicional*, todas as nossas avaliações se revelam, assim, avaliações *condicionais*[56].

Lida à luz dos alertas e correções epistemológicas incansavelmente ressaltadas pelo filósofo, a ideia de vontade forte e vontade fraca tem consequências importantes sobre o problema da avaliação da ação. Mais uma vez, se essa vontade é forte ou fraca, trata-se de uma fatalidade; isso é algo que está além da possibilidade de escolha. No entanto, ao tomar-se a vontade de poder como um princípio ontológico positivo, seria possível identificar, em contextos específicos, qual das partes envolvidas é capaz de expressar um poder *maior* relativamente às outras forças envolvidas. Essa possibilidade abre espaço para a atribuição de valor sem qualquer tipo de censura ou louvor moral, ou seja, abre a possibilidade de uma normatividade não-moral, mas política.

Embora Nietzsche tenha dedicado suas obras de maturidade à elaboração e experimentação com esse modelo político, ele parece ter renunciado a extrair, daí, um sistema normativo positivo, completo. Esse é um aspecto da filosofia nietzschiana que parece causar uma boa dose de desconforto entre os leitores, acostumados que estamos a buscar na filosofia, em geral, justificação e endosso aos valores vigentes, em especial os valores morais, como o próprio Nietzsche reiteradamente denunciou. Por outro lado, não há dúvidas de que as obras finais trazem uma agenda de

---

56. Ver GIACOIA, 2010.

intervenção cultural, reunindo algumas pautas específicas em torno do objetivo central de superação dos valores morais.

Dito isto, resta ainda a questão sobre *quem*, *como* e sob quais *condições* [alguém] pode se construir para a liberdade. É disto que trataremos no capítulo final, a seguir.

5. O cultivo de si, o cultivo da liberdade[57]

Os ataques de Nietzsche à compreensão tradicional de liberdade como livre-arbítrio não impedem o desenvolvimento de um conceito próprio de liberdade, pensado não mais como uma condição de controle, mas como um processo em que um *instinto* de liberdade lidera a construção de um *Eu*. Dito de outra forma, se a liberdade se refere mais a esse exercício prático do que a um *estado* que se pode conquistar definitivamente, o que está em pauta, antes de mais nada, é a construção contínua de um *Eu* e de uma vontade pessoal. O que se apresenta, então, é uma ligação direta entre as práticas de liberdade e as práticas de cultivo de si, ligação que poderia ser resumida na fórmula de mão dupla, cultivar a liberdade é cultivar-se a si mesmo.

O tema do cultivo de si percorre os escritos nietzschianos desde, pelo menos, as *Considerações Extemporâneas*, e ao longo da obra se beneficia da criação de diversos personagens conceituais que iluminam ora um, ora outro aspecto deste processo: o espírito livre, o andarilho, os homens do conhecimento, o sábio, Zaratustra, os filósofos do futuro, os ascetas, etc., todos eles podem ser lidos como ilustrações das possibilidades e desafios do cultivo de si.

Ecce Homo marca o encerramento da atividade intelectual de Nietzsche e é inteiramente dedicado ao tema, apresentado sob a fórmula: *como tornar-se o que se é*. Essa sentença, em tom de manual, pode soar um tanto oracular e até irônica quando nos lembramos de que nas obras anteriores Nietzsche: descontrói a concepção tradicional de sujeito; questiona a unidade e estabilidade do que costumeiramente chamamos de *Eu*; destitui a razão do posto de comandante em todos os processos decisórios e

57. Uma versão deste capítulo foi publicada nos Estudos Nietzsche, 2022.

decisivos; aproxima a atividade do cultivo de si da atividade artística para destacar sua irredutibilidade a regras; e, por fim, recebe os leitores com a advertência de que para tornar-se o que é, o candidato não deve ter a menor ideia do que é. Ao levar tudo isso em conta, é possível se perguntar — afinal, o que torna quem o que e como?

A cacofonia da pergunta não pode ofuscar a riqueza das contribuições nietzschianas para a história da filosofia *de si*, em grande medida responsáveis pelo destaque que o tema recebeu na filosofia contemporânea. Este capítulo trata de alguns aspectos fundamentais dessas contribuições e alguns pontos em que há ainda alguma dúvida sobre suas consequências.

5.1 Sobre tornar-se um *Eu*

Uma ideia muito peculiar da filosofia nietzschiana é a de que o *Eu* não é uma entidade metafisicamente dada, mas algo a ser construído ao longo de uma vida. Desenvolver o que se tem de mais singular, preservar algo de si como um traço unário, expandir as próprias capacidades ao mesmo tempo em que se confere unidade ao todo, enfrentar intensamente o conflito entre os próprios instintos e valores, complexificar e integrar, desejar a responsabilidade pela própria vontade, conquistar um senso de independência de gosto, de juízo e de modo de vida, são tarefas que poucas pessoas chegam a tomar para si.

Um primeiro ponto interessante a se ressaltar é que a prática de cultivo de si requer referências, ou seja, ela tem início a partir de uma relação de admiração com alguém que se toma como um *exemplo* de excelência[58].

58. Robert Solomon, por exemplo, atribui uma grande importância à ideia de que a psicologia moral nietzschiana encontra a maior parte de seus recursos nas relações de exemplaridade: "Nietzsche famously insisted that a philosopher should be, above all, *an example*. This already marks a return to ancient 'heroic' ethics, which is exemplary rather than rule-governed or action-guiding. Ethics, on this archaic model, might be simply summarized as 'be like him!'. Examples, accordingly, provide the basis of much of Nietzsche's moral philosophy." (SOLOMON, 2001, p. 131). Solomon desenvolve um ponto interessante sobre a relação de exemplaridade e a importância dos argumentos *ad hominem* na filosofia nietzschiana.

Esse teria sido, afinal, o efeito transformador do encontro do próprio Nietzsche com Schopenhauer, a quem dedica a *Terceira Extemporânea* como registro de uma experiência de educação no que ela tem de mais pessoal e mais profundo.

Nunca é demais notar, também, no que diz respeito a essa relação educacional que se estabelece com o modelo de excelência, que ele não deve ser tomado, precisamente, como um modelo a ser seguido, mas como um exemplo que convoca o aprendiz a se engajar numa relação *agônica* com o outro e com a cultura, em geral. O encontro com o outro admirável leva à percepção de que o indivíduo não é suficiente *em si*, e precisa se cultivar por mediação da cultura (LEMM, 2007, p. 8).

Schopenhauer conta, para Nietzsche, como um exemplo de singularidade *e* agonismo. Com Schopenhauer, Nietzsche teria aprendido que é possível encontrar na cultura algumas referências que permitam liberar a própria singularidade dos efeitos restritivos da época e da sociedade em que se vive, ou seja, que é possível cultivar-se extemporaneamente ao colocar-se em uma relação agônica com as referências culturais disponíveis, enfrentando a relação que sua própria época estabelece com a cultura (LEMM, 2007, p. 19).

Extrapolando o texto da *Extemporânea*, seria possível ver Schopenhauer como um educador particularmente interessante porque oferece um bom exemplo do que Nietzsche definirá, em *Além de Bem e Mal*, como a prática filosófica em grande estilo: a filosofia como projeção da própria personalidade do filósofo (*ABM*, §6). Enquanto testemunho pessoal, a filosofia permite ao leitor um engajamento erótico com o texto, à moda grega. Esse engajamento, a um tempo erótico e agônico, com o texto filosófico, é instrutivo em vários aspectos: enquanto testemunho de si, a filosofia deixa entrever algo da "hierarquia dos impulsos" (*ABM*, §6) do filósofo, oferecendo, portanto, não só a oportunidade de aprendizado sobre esses impulsos e suas soluções possíveis, mas principalmente, um modelo com o qual o leitor na outra ponta pode disputar e redirecionar a sua própria atividade de cultivo de si, a partir de sua própria disposição pulsional e valorativa. Acima de tudo, essa prática de escuta filosófica permite uma conclusão sobre a importância de se colocar num lugar de *autonomia*, que não é um lugar *autóctone*.

A alteridade incontornável do processo de *tornar-se o que se é* se expressa, também, na ideia de que o *Eu* é um outro até para si mesmo. Essa é uma conclusão que se extrai do conjunto da filosofia nietzschiana, a começar pela afirmação do devir, em consonância com o enorme esforço no sentido de quebrar a identificação entre o *Eu* e qualquer instância psicológica específica e estável, como o sujeito racional consciente. Na contramão de uma tradição que concebeu o sujeito como uma *substância*, sempre igual a si mesma, ou até mesmo transparente para si mesma, subjacente a toda mudança — Nietzsche pensará o *Eu* como a forma do arranjo que emerge de um *trânsito* pulsional sempre mediado pela cultura, e em constante necessidade de, em alguma medida, se rearranjar.

Zaratustra talvez seja o livro que mais se permite experimentar com a ideia de alteridade *interna* ao Eu, cujas camadas abarcariam "o *Eu*", o "eu superior", o "si mesmo", a "alma", o "espírito" (*ZA*, I, *Dos desprezadores do corpo*). A liberdade poética do *Zaratustra* fornece um ambiente propício para essa espécie de psicologia especulativa, numa época em que era urgente denunciar o enorme ponto cego da filosofia moderna, que é o corpo, e reivindicar "o corpo como fio condutor" da pesquisa filosófica. Historicamente, algumas décadas à frente, a pesquisa sobre a subjetividade chegaria a um avanço considerável com o surgimento da psicanálise, acontecimento que faz parecer certeiro o prognóstico de *Zaratustra*: "Cada vez mais honestamente ele aprende a falar, o Eu: e quanto mais aprende, tanto mais palavras e homenagens encontra para o corpo e a terra" (*ZA*, I, *Dos Transmundanos*).

O experimento radical de alteridade deixa suas marcas no próprio estilo do texto nietzschiano, cuja retórica sempre convoca uma pluralidade de vozes. James Porter observa que essa pluralidade de vozes surte, no leitor, o efeito de uma enorme "crise de identidade" (PORTER, 2000, p. 13), forçando-o ao exercício de rearranjo subjetivo e engajamento pessoal com as questões abordadas.

Esse exercício remete ao campo semântico do *experimento*, do *ensaio*, que está também na vizinhança da *emulação* e da *encenação*. A obra nietzschiana está recheada de ocorrências do exercício de *encenar* a si mesmo, até a encenação final de *Ecce Homo*, muitas vezes interrompida, questionada e recapitulada no mesmo texto. No mesmo sentido pode-se entender a atenção dedicada aos processos de *tornar-se outro*, imprescindíveis ao tornar-se o que se é, até porque essa fidelidade a si mesmo envolve necessariamente uma *adesão ao devir*. Isso explica, em parte, a fórmula oracular segundo a qual para tornar-se o que se é não se deve ter qualquer ideia do que se é — ou seja, o processo de cultivo de si não deve estar submetido a um *ideal* fixo a que o *Eu* almejaria corresponder, pois é um processo que exige espaço para a contingência.

No que diz respeito à produção de ideais, em si, é interessante notar que Nietzsche o investiga sob um ponto de vista naturalista, considerando os ideais, a princípio, como uma resposta pré-consciente a necessidades vitais. Os ideais, em geral, seriam um artefato de imaginação, um esquema, uma imagem abstrata, intermediária entre a intuição e o conceito; neles se projetam, por antecipação, as condições de satisfação dos impulsos, afetos e necessidades vitais do organismo (CONSTÂNCIO, 2012, p. 130). Sob esse ponto de vista, os ideais seriam um meio natural de tornar mais conscientes as necessidades do organismo, de modo a favorecer sua satisfação, e nesse caso a atividade de idealização, enquanto atividade criativa, pode ter um efeito *tônico*. A atividade de idealização tem um traço artístico:

> Livremo-nos aqui de um preconceito: idealizar *não* consiste, como ordinariamente se crê, em subtrair ou descontar o pequeno, o secundário. Decisivo é, isto sim, ressaltar enormemente os traços principais, de modo que os outros desapareçam. (*CI*, IX, §8).

Quando a atividade de idealização não é entendida como ato criativo, mas como uma regra, perde-se o efeito tônico. Já que o arranjo entre os impulsos está sujeito a um processo contínuo de mudança, e como os conteúdos conscientes têm um impacto decisório menor frente aos impulsos e afetos, os ideais estão fadados à defasagem. Ou seja, os impulsos e afetos sempre ganham. Eles são maioria, são mais dinâmicos, e sempre assumem o papel decisivo em relação à ação. Do ponto de vista da consciência, isso é percebido como uma falha, como um abismo desfavorável entre o ideal e a ação (CONSTÂNCIO, 2012, p. 134).

Veja-se, por exemplo, esta passagem de *A Gaia* Ciência, que oferece uma boa ilustração da ideia de que o exercício de racionalização do cultivo de si ocorre, no mais das vezes, de forma retrospectiva, e sempre por aliança e até dependência em relação a certas disposições afetivas:

> *Em favor da crítica.* — Agora lhe parece um erro o que outrora você amou como sendo uma verdade ou probabilidade: você o afasta de si e imagina que sua razão teve aí uma vitória. Mas talvez esse erro, quando você era outro — você é sempre outro, aliás —, lhe fosse tão necessário quanto as suas "verdades" de agora, semelhante a uma pele que lhe escondia e cobria muitas coisas que você ainda não podia ver. Foi sua nova vida que matou para você aquela opinião, não sua razão: *você não precisa mais dela*, e agora ela se despedaça e a irracionalidade surge de dentro dela como um verme que vem à luz. Quando exercemos a crítica, isso não é algo deliberado e impessoal — é, no mínimo com muita frequência, uma prova de que em nós há energias vitais que estão crescendo e quebrando uma casca. Nós negamos e temos de negar, pois algo em nós está *querendo* viver e se afirmar, algo que talvez ainda não conheçamos, ainda não vejamos! Estou dizendo isso em favor da crítica. (*GC*, §307).

Essa passagem sinaliza o ponto da alteridade diacrônica e sincrônica do *Eu*. A ideia de uma alteridade temporal do *Eu* faz sentido nas duas direções do tempo, ou seja, nosso *Eu* presente se dirige à mudança futura, ao mesmo tempo em que dilui e atualiza estruturas e forças herdadas do passado. A crítica só seria possível retrospectivamente porque não depende de uma descoberta sobre o que se é ou deveria ser, mas de tornar-se consciente de uma mudança engendrada quando havia uma alteridade sincrônica.

A própria consciência, enquanto capacidade, deve ser pensada como uma herança longínqua em processo de atualização. Enquanto a autoconsciência foi tradicionalmente identificada como a esfera da individualidade e liberdade, a filosofia nietzschiana, por outro lado, pensa a consciência enquanto algo que resulta da premência de necessidades sociais de comunicação e, portanto, como uma estrutura a serviço dessas mesmas necessidades. Essa função social, fixada no passado, implica que seu funcionamento presente só permite que nos tornemos conscientes daquilo que não é pessoal:

> (auto) consciência não pode ser consciência do que é único ou distintivo em cada um de nós; ela não toma a perspectiva particular dos indivíduos, mas sim a perspectiva do rebanho, confinada aos interesses comuns sobrepostos; ela é um tipo de consciência coletiva individuada. (SIEMENS, 2016, p. 191).

Por isso mesmo, a consciência introduz um fator de alteridade, ao iluminar, em nós, aquilo que é da ordem social. Nossas interpretações conscientes refletirão as interpretações e valores socialmente compartilhados e cristalizados, eventualmente em conflito com outros aspectos de nossa constituição. Por outro lado, embora não tenham pleno direito de cidadania na consciência, nossos impulsos e afetos também são uma herança do passado, e estão sujeitos a uma modelagem socialmente impressa. Está bastante claro que tanto os artigos culturais são produtos da ação dos impulsos quanto a forma como experimentamos os impulsos é definida pela cultura. Não é preciso repetir aqui todos os argumentos envolvidos neste ponto, mas ressaltar a ideia de que a prática do cultivo de si exige engajamento na investigação crítica sobre essa herança, no que ela tem de mais geral e também no que, por força da contingência, se recombina e se atualiza singularmente em cada um.

Essa atividade crítica conta como requisito para o exercício de passar da atividade de órgão social àquela de um *organismo* soberano, para usar a expressão de Siemens (2016, p. 197). As práticas de soberania dependeriam, por sua vez, da maximização do conflito entre as partes constitutivas do indivíduo, o que implica dizer também que ela não pode ser simplesmente conduzida por qualquer instância isolada, seja ela a razão ou um impulso qualquer. É esse conflito que decidirá as condições de assimilação e excreção (de impulsos, valores, opiniões, práticas) necessárias à regulação do organismo. Ainda, a prática de si do indivíduo soberano inclui a tarefa de *autolegislação*, ou seja, a tarefa de criação de valores que não correspondam exatamente a inclinações particulares, mas às condições mais propícias ao fortalecimento do organismo (SIEMENS, 2016, p. 200).

Deve-se evitar a ideia de que o trabalho de autoconhecimento revelaria a verdade final sobre o *Eu*, escondida em alguma profundeza desse organismo, ou seja, a ideia de que alguma parte obscura do Eu pode conter a sua essência, a sua verdadeira natureza. A alteridade interna ao Eu impossibilita qualquer resposta definitiva ao imperativo de autoconhecimento[59]. Ao invés de dizer que o *Eu* comanda o cultivo de seus valores e impulsos, talvez fosse mais correto dizer, portanto, que o *Eu* é a forma que emerge das práticas de soberania, para aqueles que estão dispostos a ela — o que depende, segundo esta leitura, de uma disposição pulsional sustentada por um compromisso valorativo com a liberdade. Esse compromisso valorativo encontra algo como um lastro na disposição individual para a liberdade, mas ele parece estabelecer condições meramente formais para o enfrentamento do processo individual de construção de si.

Conclui-se, então, que a tarefa do cultivo de si pode prescindir inteiramente do controle racional e deliberado de qualquer tipo de sujeito, e encontra um apoio muito parcial e limitado na atividade de idealização de si. Essa visão muito nuançada da dinâmica do Eu, e dos diferentes elementos que a compõem, sempre pensados contiguamente em devir, de modo não sistemático, resultam numa filosofia de si que sob certo ponto de vista é surpreendentemente simples. Solomon (2002) destaca o fato de que a filosofia nietzschiana dispensa qualquer compromisso com definições estritas de "sujeito" e de "atos de vontade" etc., artigos conceituais em obsolescência, desnecessários para se pensar a "manifestação gradual do caráter e do talento, através de cultivo e desenvolvimento" (SOLOMON, 2002, p. 78, tradução livre).

59. Ver LEMM, 2007, p. 18.

Mas apesar das indeterminações, esse *Eu* desconhecido e inacabado precisa encontrar, na cultura, algumas referências de cultivo de si. Na filosofia do espírito livre, em especial no segundo volume de *Humano*, o tema do cultivo de si se aproxima do tema do cuidado com as *coisas próximas*, assinalando a importância daquilo que Foucault mais tarde identificou como as *práticas de si*. Não por acaso, as obras desse período evocam o ambiente das escolas socráticas como modelos de "boa vizinhança" com as coisas próximas, centrais ao cultivo de si: o experimento, observação e aprendizagem das condições de vida mais salutares para si mesmo. Trata-se, é claro, de todos os pequenos fatores que compõem um modo de vida singular e sua experiência cotidiana: fatores referentes à alimentação, ao regime de estudos e atividades físicas, ao temperamento, à orquestração dos afetos, ao trato social etc.

Essa agenda dietética pauta, igualmente, uma agenda de pesquisa e produção de conhecimento — não só a respeito daquilo que mais nos convém individualmente, como também sobre os efeitos do repertório cultural disponível. Nietzsche denunciará o pouco avanço alcançado nessa área, desde a antiguidade: "Até o momento, nada daquilo que deu colorido à existência teve história" (*GC*, §7). O inventário de tópicos a serem incluídos nessa agenda guarda uma interessante semelhança com o programa posteriormente assumido pela filosofia foucaultiana:

> Onde está uma história do amor, da cupidez, da inveja, da consciência, da piedade, da crueldade? Mesmo uma história comparada do direito, ou apenas do castigo, falta inteiramente até aqui. Já se tomou por objeto de pesquisa as diferentes divisões do dia, as consequências de uma fixação regular do trabalho, das festas e do repouso? Conhece-se os efeitos morais dos alimentos? (...) Já foram reunidas as experiências de vida comunitária, as experiências dos mosteiros, por exemplo? Já foi mostrada a dialética do casamento e da amizade? Os costumes dos eruditos, dos comerciantes, artistas, artesãos — já encontraram seus pensadores? Há tanto a pensar aqui! Tudo o que até agora os homens consideraram suas "condições de existência",

> e toda a razão, paixão e crendice desta consideração — isto já foi pesquisado até o fim? Apenas a observação do crescimento diverso que tiveram e poderiam ter ainda os impulsos humanos conforme os diversos climas morais, já significa trabalho em demasia para o homem mais trabalhador; gerações inteiras, gerações de eruditos a trabalhar conjuntamente e de modo planejado, serão necessárias para esgotar aqui o material e os pontos de vista. (*GC*, §7).

O leitor de Nietzsche reconhecerá, nesta lista, vários pontos para os quais o próprio filósofo deixou sua contribuição. Para a nossa investigação, é de particular interesse a questão que de alguma forma perpassa essa agenda e que diz respeito aos regimes de contenção e satisfação dos impulsos. O interesse especial por esse ponto se deve também ao fato de que ele evoca um tema fundamental das práticas de si, que tem a ver com a noção de *medida*.

5.2 A justa *desmedida*

Paralelamente ao desenvolvimento da pesquisa sobre as "coisas próximas", Nietzsche aprofunda sua investigação sobre os regimes de cultivo dos impulsos. Em *Aurora*, admite-se a possibilidade de uma pluralidade de regimes e diferentes soluções no trato com os impulsos, desde que se tome a liberdade de experimentação nesse campo:

> *O que somos livres para fazer.* — Pode-se lidar com os próprios impulsos como um jardineiro, e o que poucos sabem, cultivar os gérmens da ira, da compaixão, da ruminação, da vaidade, de maneira tão fecunda e proveitosa como uma bela fruta numa lata. Pode-se fazer isso com o bom ou o mau gosto de um jardineiro, e como que ao estilo francês, inglês, holandês ou chinês; pode-se também deixar a natureza agir e apenas providenciar aqui e ali um pouco de ornamentação e limpeza, pode-se, enfim, sem qualquer

> saber e reflexão, deixar as plantas crescerem com suas vantagens e empecilhos naturais e lutarem entre si até o fim — pode-se mesmo ter alegria com esta selva, e querer justamente essa alegria, ainda que traga também aflição. Tudo isso temos a liberdade para fazer; mas quantos sabem que temos essa liberdade? Em sua maioria, as pessoas não *creem* em si mesmas como em *fatos inteiramente consumados*? Grandes filósofos não imprimiram sua chancela a este preconceito, com a doutrina da imutabilidade do caráter? (*A*, §560).

Esse aforismo estabelece a identificação entre o espaço de liberdade possível e o espaço de cultivo de si. Descarta-se, aqui, a possibilidade de que haja uma regra para o cultivo da liberdade, pois não há *um* modo de ser livre. E apesar de a questão central da liberdade girar em torno da forma como cultivamos nossos impulsos e afetos, a liberdade não se identifica com um arranjo em particular.

Chama atenção também, nessa passagem, a ideia de que o cultivo de si sugere um certo júbilo com a própria singularidade, que não se identifica com um processo de *melhoramento* moral. Nesse processo os elementos menos valorizados, a "ira", a "ruminação", a "vaidade", não precisam ser extirpados, podem ser depurados, talvez até exibidos e apreciados. Pode-se evocar a comparação desse jardim pessoal com uma obra de arte, lembrando que não há regras para se produzir uma obra de arte, mas se reconhece uma quando se vê; o ponto é que essa jardinagem não requer sequer o bom gosto.

Apesar de Nietzsche insistir na necessidade de produção de conhecimento sobre esse processo, o conhecimento tampouco parece indispensável às práticas de liberdade. O que vemos aqui é uma multiplicação das liberdades possíveis, e a sinalização de uma condição mínima: a adesão ao devir. O único fator que parece realmente impedir o cultivo de si é a crença na "imutabilidade do caráter", o tomar-se a si mesmo como um "fato consumado".

A liberdade enquanto adesão ao devir ecoa o heraclitismo nietzschiano, em que encontramos mais do que uma teoria sobre o tempo: Nietzsche parece dividir as pessoas entre mobilistas e imobilistas. Essas duas formas de ver o mundo seriam reveladoras de dois grandes modos de encarar a vida[60]. O próprio Nietzsche conta como caso emblemático do primeiro tipo, e encontra em Platão o seu antípoda.

A crença na imutabilidade do caráter se associa, assim, a uma versão muito rígida de fatalismo, criticada por Nietzsche. Por outro lado, a crença na possibilidade de mudança seria indício de uma disposição insubmissa, que não se deixa enrijecer por qualquer compromisso, mantendo uma abertura para o acaso. Uma disposição para a liberdade seria, então, anterior à crença. Nessa visão processual teríamos uma disposição (instintiva) que sustenta um valor que engendra uma crença que orienta uma prática.

O cultivo de si enquanto prática da liberdade lida, necessariamente, com a contingência. Aqui adentramos o campo da casuística, que nunca escapou à atenção de Nietzsche, seja no seu precoce interesse pela anedota como uma fonte relevante, seja nos seus exercícios de especulação sobre a vida interior das mais diversas figuras históricas, seja no escrutínio das obras filosóficas em busca de traços de confissão involuntária da personalidade do autor. Esses exemplos fornecem um repertório de interpretações possíveis, observações e experiências compartilhadas, mas não chegam a compor um manual à moda estoica.

Veja-se o caso, por exemplo, em que o cultivo de si eventualmente implique a necessidade de se livrar da premência de algum impulso: aqui Nietzsche indica algumas técnicas de manejo. Um elenco dessas técnicas é apresentado numa passagem de *Aurora*, com a advertência de que elas são afinal muito poucas: "Não encontro mais que seis métodos essencialmente diferentes de combater a veemência de um impulso" (*A*, §109). Os diferentes expedientes podem consistir em satisfazer o impulso até a náusea, ou associá-lo a um efeito desagradável. A aplicação do método tampouco tem eficácia garantida: "mas *querer* combater a veemência de um impulso não está em nosso poder, nem a escolha do método, e tampouco o sucesso ou fracasso desse método" (*A*, §109). A conclusão anti-schopenhaueriana, aqui, está em que não é a vontade que é cega: "nosso

---

60. Ver RICHARDSON, 2016.

intelecto é antes o instrumento cego de *um outro impulso*, rival daquele que nos atormenta com sua impetuosidade" (*A*, §109). Afinal, essa é uma luta a ser resolvida no terreno dos próprios impulsos, mas é também uma luta na qual "nosso intelecto precisa tomar partido" (*A*, §109).

Ainda assim, ou por isso mesmo, a discussão sobre a necessidade de conferir um senso de medida no trato com os impulsos aparece como uma obsessão da filosofia nietzschiana, ocupando um espaço central já no seu primeiro livro publicado, *O Nascimento da Tragédia*, que busca nos antigos um modelo de [*não-*] solução trágica para o problema da tensão entre os impulsos conflitantes representados por Dioniso e Apolo. Já as passagens de *Aurora* citadas acima, que considera a variedade de soluções possíveis para o problema do cultivo dos impulsos, ocorre num momento em que se torna mais consciente dos dois grandes paradigmas de trato com os impulsos e afetos, o paradigma da moderação e o da intensificação. *Aurora* encerra o breve período em que Nietzsche esteve mais próximo do princípio de moderação dos afetos, frente ao risco de superexcitação nervosa (*HH*, §244), ao mesmo tempo em que introduz seus primeiros experimentos envolvendo a ideia de intensificação vital.

Ao longo de toda a obra, Nietzsche promoverá uma disputa pessoal com o variado repertório de soluções registradas na tradição. Destas, uma das mais importantes ocupa a terceira dissertação da *Genealogia da Moral*, inteiramente dedicada ao enfrentamento com as soluções que o ideal ascético propôs para o problema. Encontramos um primeiro exemplo de como o ideal ascético pode afetar os regimes pulsionais após a indicação de que o ideal ascético tem um sentido diferente para cada agente cultural — o artista, o filósofo, o sacerdote, o tipo fraco.

Esse primeiro exemplo se refere ao artista Wagner, ou mais especificamente, a como Wagner teria progressivamente se aproximado do ideal ascético, aproximação que se traduz numa defesa cada vez mais rígida da castidade. O problema, para Nietzsche, não é a castidade em si, "Pois entre castidade e sensualidade não há oposição necessária" (*GM*, III, §2). É admitido, portanto, o caráter salutar de se estabelecerem intervalos de satisfação dos impulsos, como uma oportunidade de fortalecimento, sublimação e manutenção da tensão. Mas o elogio da castidade aos moldes do ideal ascético consistiria em estabelecer, entre castidade e sensualidade, uma "oposição penosa e supérflua" (*GM*, III, §2), para prejuízo da sensualidade, é claro. O regime ascético implicaria, no limite, em mortificação.

Mas Nietzsche entende que, enquanto artista, Wagner não se confunde com a obra, nem é capaz de dar a palavra final sobre o que é representado na obra, de modo que seu progressivo ascetismo seria sinal de subserviência ao niilismo schopenhaueriano (*GM*, III, §5). A sedução de Schopenhauer estaria precisamente em transformar o artista num sacerdote, "mais que sacerdote, uma espécie de porta-voz do 'em-si' das coisas, um telefone do além" (*GM*, III, §5). A metafísica schopenhaueriana do gênio poderia ser vista, então, como uma propaganda cujo sucesso é explicado pela vaidade dos artistas. Levanta-se a suspeita de que a sedução ascética de Schopenhauer no fundo oculta um interesse bem pessoal: se o filósofo anuncia a arte como uma ferramenta de mortificação da vontade é porque sente a vontade como tortura (*GM*, III, §6). Nietzsche chega a lançar dúvidas, inclusive, sobre a autenticidade do ascetismo schopenhaueriano, tão contrastante com seu próprio temperamento e modo de vida. A denúncia é que o pessimismo schopenhaueriano seria uma impostura (*GM*, III, §7). Mas mais do que isso, é o diagnóstico de uma aliança de ocasião entre o filósofo e os ideais ascéticos, que neles encontraria uma oportunidade de *independência* (*GM*, III, §7) — afinal, "humildade", "castidade" e "pobreza" contam como ingredientes de toda vida filosófica: "porque o seu senhor supremo assim exige" (*GM*, III, §8). Logo adiante, esse "senhor supremo" é identificado como o "instinto dominante" do filósofo, capaz de estabelecer a necessidade de alguns sacrifícios a favor de uma realização mais elevada de si.

Segundo a *Genealogia*, a antiga parceria entre os filósofos e os ideais ascéticos se funda na possibilidade de conquistar alguma liberdade frente à moralidade dos costumes (*GM*, III, §9), ela serve ao filósofo como uma espécie de álibi, refúgio, ou um disfarce que lhe permite seguir um modo de vida pessoal em condições desfavoráveis (*GM*, III, §10). Um passo adiante requereria, precisamente, uma mais forte "vontade de liberdade" (*GM*, III, §10).

É somente para o sacerdote que o ideal ascético representa, de fato, a sua vontade e seu poder (*GM*, III, §11). A partir dessa constatação, passa-se a uma convocação ao pensamento perspectivístico como um princípio de integridade intelectual (*GM*, III, §12). Deslocar perspectivas e convocar o máximo de afetos a darem seu testemunho sobre o assunto — o mesmo princípio que permitirá reconhecer que, do ponto de vista do sacerdote, o ideal ascético conta como a única possibilidade de preservação e afirmação da vida em condições de declínio (*GM*, III, §13)[61].

Enquanto o ascetismo pode ser uma boa solução para o asceta, o enfrentamento agônico com o ideal ascético exige que não se perca de vista seus efeitos deletérios sobre o tipo forte, "os casos raros de pujança da alma e do corpo, os *acasos felizes* do homem" (*GM*, III, §14). Mais além, trata-se de uma disputa em torno de alguns afetos típicos, candidatos ao posto de mais fortes promotores de uma vida afirmativa — contra a seriedade do asceta, a alegria do tipo livre, o riso do próprio Nietzsche assumido como uma perspectiva de interpretação e afirmação (GIACOIA, 2016).

A alegria deve constar, portanto, entre os principais indícios de que o experimento imoralista vai bem. A possibilidade de uma filosofia alegre conta como sintoma de vitória contra os ideais ascéticos; os "filósofos do futuro" seriam aqueles capazes de suplantar o modelo sacerdotal de criação de valores.

Oswaldo Giacoia sugere que é a partir do princípio de alegria que Nietzsche irá medir-se com aquele que distinguiu como um antagonista especial, o caso exemplar a definir a relação de Nietzsche com toda a tradição filosófica — Platão. Giacoia nota que "em nenhum outro aspecto o antiplatonismo de Nietzsche fica tão claro quanto a respeito do riso — o antípoda do espírito de gravidade" (GIACOIA, 2016, p. 200).

A busca por um senso de medida no trato com os impulsos encontra, nos gregos, uma referência indispensável, e na elaborada rigidez da solução

61. Esse é um movimento argumentativo interessante porque coloca a pluralidade de afetos ao lado da honestidade intelectual e *contra* o ideal ascético, que pensa a objetividade como algo afetivamente neutro; mas, ao mesmo tempo, é um movimento que permite identificar o ponto de vista do asceta.

platônica, um inimigo à altura. Contra o imperativo de constância e imutabilidade do caráter, a perspectiva da adesão ao devir. Contra o ideal de neutralidade, a multiplicação dos afetos. Ao invés da sociedade como corpo, o corpo como sociedade. Contra o controle racional da alma, a alma como "espaço social".

Algo parecido, mas talvez em menor escala, pode ser dito do enfrentamento de Nietzsche com todas as escolas socráticas, que não são tomadas como modelos a se seguir, mas com os quais *medir-se*. Céticos, epicuristas, estoicos, cínicos, são vistos como rico material para um estudo de caso que permite avaliar, pontualmente, qual solução pode ser mais salutar em diferentes situações ou modos de vida possíveis. Esses exercícios podem ser encontrados, de forma explícita ou implícita, ao longo de toda a obra. Em uma passagem de *A Gaia Ciência*, por exemplo, encontra-se uma consideração sobre a conveniência ocasional de se seguir uma orientação epicurista ou estoica, a depender da época e condições em que se vive: aquele que pode confiar na possibilidade de um destino tranquilo faria bem em "organizar-se de forma epicúria", aliás, "todos os que se dedicaram ao trabalho intelectual assim fizeram até agora" (*GC*, §306); a estes seria possível escolher "a situação, as pessoas e mesmo os eventos adequados à sua constituição intelectual altamente suscetível, renunciando ao resto" (*GC*, §306). Por outro lado, para "aqueles que vivem em épocas violentas e na dependência de homens repentinos e mutáveis, o estoicismo pode ser aconselhável" (*GC*, §306), e com ele a capacidade de enfrentar, indistintamente, todo tipo de condição, favorável ou não.

Embora essa passagem pareça avançar uma conclusão a favor do epicurismo, como um modelo de vida mais adequado à atividade contemplativa, ela certamente permite concluir, também, que em algumas circunstâncias a possibilidade de fruir tranquilamente apenas daquilo que nos é mais afim simplesmente não está disponível, caso em que o princípio de cuidado de si indicaria, antes, a premência de se cultivar uma "dura pele de porco-espinho dos estoicos" (*GC*, §306).

Curiosamente, ao retornar ao tema em *Além de Bem e Mal*, Nietzsche dispensará o epicurismo enquanto solução definitiva para o homem do conhecimento “no sentido grande e excepcional” (*ABM*, §26). Embora esse tipo procure “instintivamente seu castelo e retiro (...) onde possa esquecer a regra ‘homem’” (*ABM*, §26), seu mais forte instinto de conhecimento o forçará a sair do castelo e se expor a investigar o que não é excepcional e seleto, uma vez que possa concluir: “‘ao diabo com o bom gosto! A regra é mais interessante do que a exceção! — que eu, a exceção!’” (*ABM*, §26). Nesse momento é convocado o elemento satírico das escolas socráticas, o *cínico*, a servir como um guia e informante sobre o “homem *médio*” sobre “o animal, a vulgaridade, a ‘regra’” (*ABM*, §26). O interesse pelo cínico está em sua “honestidade”, em sua capacidade de “falar ‘mal’ do homem — mas não maldosamente” (*ABM*, §26).

O que interessa no cínico, portanto, é sua *parresia*, sua fala franca sobre os elementos menos elevados da experiência humana. Essa passagem permite um contraste entre a admirável honestidade cínica e a vontade de martírio pela verdade, que já havia sido associada aos estoicos no aforismo anterior (*ABM*, §25). Lidas conjuntamente, elas sugerem a necessidade de intensificação da vontade de conhecimento e honestidade intelectual e, ao mesmo tempo, uma desconfiança em relação às formas mais rígidas de vontade de verdade, que pode tornar-se prejudicial ao próprio conhecimento[62]. O que parece estar em jogo, então, seria um ajuste muito sutil de uma gama de impulsos aparentados entre si, um ajuste que toma intensidade e rigidez como indicadores inversos.

Para além do agonismo com os princípios dietéticos das escolas socráticas e outros marcos da tradição, *Além de Bem e Mal* é um livro que explora também as possibilidades de orquestração subjetiva numa época marcada pela expansão sem precedentes do repertório de impulsos, inclinações, práticas e referências históricas disponíveis. Essa variedade de estímulos contraditórios tenderia a criar uma época de “dissolução”, produzindo, “por via de regra, um homem bem fraco”, necessitado da “tranquilidade epicúria e cristã” (*ABM*, §200). Mas essa mesma situação poderia surtir

62. Ver LANE, 2007.

também o efeito contrário naquelas naturezas fortes o bastante para suportar a contradição sem a ânsia de unidade final e pacificação:

> se numa tal natureza a contradição e a guerra atuam como uma atração e estímulo de vida *mais* —, e se além dos seus impulsos fortes e inconciliáveis, também foi herdada e cultivada uma autêntica mestria e sutileza na guerra consigo, ou seja, no autodomínio e engano de si (*ABM*, §200).

Esta passagem adiciona alguns ingredientes surpreendentes às práticas de si: além da vontade de conhecimento, compreensivelmente ressaltada em outras ocasiões, a tarefa exigiria também algo de autoengano — uma afirmação que só pode fazer sentido se mantivermos em mente que o trabalho de cultivo de si consiste, afinal, em algum grau de "guerra consigo", em que o autoengano contaria como expediente muito peculiar de autodomínio, e de construção de condições mais favoráveis *para si*, não necessariamente para *cada uma* de suas inclinações (SIEMENS, 2016).

O tema dos diferentes regimes de cultivo dos impulsos segue como a questão central de *Crepúsculo dos Ídolos*, marcando um forte retorno do vocabulário trágico. A obra de juventude apontava como a maior realização grega a capacidade de manter a tensão entre Dioniso e Apolo — representando a máxima tensão entre o princípio de intensificação dos impulsos e a capacidade plástica de conferir-lhes forma. Em *Crepúsculo*, o tema é retomado na companhia do vocabulário aprendido durante as pesquisas sobre os modelos de descarga psicofisiológica. Nesse momento, Dioniso é associado a um estado em que "todo o sistema afetivo é excitado e intensificado: de modo que ele descarrega de uma vez todos os seus meios de expressão"; esse estado se traduz em uma "incapacidade de *não* reagir (de forma semelhante a determinados histéricos, que também a qualquer sinal adotam *qualquer* papel)" (*CI*, IX, §10). Esse padrão de descarga súbita e arrebatadora é encontrado também nas técnicas ascéticas de manutenção do ressentimento através de uma hiperexcitação sentimental (*GM*, III, §20). Ao inflar a má consciência animal até o ponto da culpa, e transformar o doente em pecador, o sacerdote ascético teria oferecido um remédio que apenas agrava a doença (*GM*, III, §20). As técnicas de mortificação da vontade desenvolvidas pelo ideal ascético revelariam, neste, uma "falta de medida, aversão à medida, ele é em si um '*non plus ultra*'" (*GM*, III, §22).

O estado (patológico) de reação compulsiva é contraposto àquele do homem forte que não reage porque *pode* não reagir (*CI*, Incursões de um Extemporâneo, §11). Isso aponta, claro, para a necessidade de algum contrapeso para o dionisismo dos afetos. E como já ficou claro anteriormente, (*A*, §109), um afeto só pode ser compensado por outro afeto. Para ilustrar sua própria concepção da capacidade de criar um organismo sadio com espaço o bastante para uma regulação autônoma dos ritmos de satisfação, Nietzsche evoca metáforas da arquitetura, sugerindo que uma vontade forte seria capaz de expandir o espaço de circulação dos instintos e afetos.

No que diz respeito ao ideal nietzschiano de medida, Paul van Tongeren aponta que o próprio Nietzsche coloca sua pesquisa sobre a medida numa relação de emulação e agonismo com outros ideais de medida, com destaque, é claro, para o ideal grego:

> apesar de Nietzsche certamente admirar a virtude grega da medida, ele não irá simplesmente repeti-la. A característica extensão e intensificação da pluralidade na cultura contemporânea, bem como a forma na qual essa pluralidade está ameaçada hoje em dia pela predominância sem precedentes da cultura cristã, democrática, europeia, implica que Nietzsche tem que superar os gregos, da mesma forma como os estudiosos e artistas da Renascença o fizeram. (van Tongeren, 2002, p. 20, tradução livre).

Ao contrário das soluções ascéticas, van Tongeren nota que o ideal nietzschiano de cultivo de um senso de medida não se traduz numa regra fixa e de aplicação universal, mas consistiria num princípio de intensificação coordenada dos afetos:

> Nietzsche fala sobre "o prazer de manter a medida". Então ele compara esse prazer com "o prazer do cavaleiro em um cavalo fogoso!" O cavaleiro é tanto melhor na medida em que consegue montar os cavalos mais fogosos. E o melhor cavaleiro não irá exatamente reduzir as forças de seu cavalo, mas antes estimulá-las enquanto as mantém sob controle. O ideal não é o controle, mas a maior multiplicidade e intensidade das forças que ainda estão sob controle. Em outras palavras, o ideal é ser apto a suportar uma tensa pluralidade sem reduzi-la nas linhas de um ideal ascético e sem a fraqueza do "*laisser-faire*" da falta de medida (pós-) modernista. (van Tongeren, 2002, p. 22, tradução livre).

Parece correto dizer, portanto, que se há um ideal nietzschiano de medida, ele deve ser flexível o bastante para funcionar como um horizonte de intensificação, ou um centro móvel[63]. Ainda, que este ideal não se define por uma regra fixa e universal, mas teria uma aplicação relativa a cada perspectiva. É preciso que cada pessoa, época e cultura encontrem sua própria medida na relação *agônica* entre os diversos impulsos e valores que as compõem, o que demanda um profundo trabalho de autoconhecimento por parte dos envolvidos.

Mais do que isso, admitindo a necessidade de se adotar uma medida, deve-se sempre evitar o risco de seu enrijecimento; a medida buscada deve ser capaz de constantemente assimilar e manter-se em tensão com a desmedida (o elemento dionisíaco), de modo que, uma vez encontrada, ela deve ser continuamente *superada*, alargada, para que continuamente suporte os mais altos graus de conflito e expressão de afetos. Os alertas de Nietzsche nesse sentido evitam o dogmatismo da medida (van Tongeren, 2002), e colocam em perspectiva o ideal de autocontrole. Mais do que manter o controle, interessa convocar os afetos que podem intensificar e elevar a

63. "Put pictorially, whereas for Kant the moral horizon is fixed even if we, composed of 'crooked timber,' cannot reach it, for Nietzsche, the ethical horizon moves as we move." (OWEN, 2013, p. 77).

atividade. A pesquisa da medida é apresentada, então, em termos atrativos e singularizados:

> No fundo, tenho aversão a todas essas morais que dizem: 'Não faça isso! Renuncie! Supere a si mesmo!' — mas tenho em boa conta as morais que me impelem a fazer algo e a refazê-lo, e sonhar com ele à noite e em nada pensar senão em fazê-lo *bem*, tão bem como somente *eu* posso fazê-lo. (*GC*, §304).

A busca pela medida, como um instrumento que permite a cada um atingir suas realizações mais pessoais, fica prejudicada caso a medida se torne uma ferramenta de negação da contingência e da diferença:

> *Autodomínio*. — Esses mestres da moral que acima e antes de tudo recomendam ao ser humano que tenha poder sobre si mesmo, acarretam-lhe assim uma doença peculiar: uma constante irritabilidade para com todas as emoções e inclinações naturais e uma espécie de comichão. Não importa o que venha a empurrar, puxar, atrair, impelir esse homem irritável, partindo de dentro ou de fora —, sempre lhe parece então que o seu autodomínio corre perigo: ele não pode mais confiar-se a nenhum instinto, a nenhum bater de asas, e fica permanentemente em atitude de defesa, armado contra si mesmo, de olhar agudo e desconfiado, perene guardião do castelo em que se transformou. Sim, ele pode tornar-se *grande* desse modo! Mas como ficou insuportável para os outros, difícil para si mesmo, empobrecido e afastado das mais belas casualidades da alma! E também de toda nova *instrução*! Pois é preciso saber ocasionalmente perder-se, quando queremos aprender algo das coisas que nós próprios não somos. (*GC*, §305).

O ideal de autocontrole pode servir para que alguém se torne "grande", mas também "insuportável" e incapaz de aprender o novo: este ponto sugere uma incompatibilidade entre a adesão rígida a qualquer norma dietética e o princípio de honestidade intelectual (GAASTLERAND, 2016). Esse ponto favorece, também, a interpretação de que Nietzsche está menos interessado nas *consequências*, ou seja, nos produtos, nos atos específicos que alguém é capaz de realizar, do que na manutenção de uma relação de intensidade com esse próprio *Eu* em devir.

Mas o maior interesse dessa passagem, para nós, é que ela reafirma a ideia de que a medida é algo que emerge do próprio contato conflituoso com o outro, quer se trate de um outro afeto, outra situação, ou uma outra pessoa, uma outra cultura ou grupo. Ou ainda, outro acontecimento que não o previsto, a contingência. Esse encontro com o outro força a um reajuste da própria medida. A flexibilidade da medida e a abertura para o outro instanciam os princípios de integridade e espontaneidade. No *Crepúsculo dos Ídolos*, Goethe é apresentado como um precedente desse ideal de integridade e espontaneidade:

> Goethe concebeu um homem forte, altamente cultivado, hábil em toda atividade física, que tem as rédeas de si mesmo, que pode ousar se permitir todo o âmbito e a riqueza do que é natural, que é forte o suficiente para tal liberdade; o homem da tolerância, não por fraqueza, mas por fortaleza, porque sabe usar em proveito próprio até aquilo de que pereceria a natureza média; o homem para o qual já não há coisa proibida senão a *fraqueza*, chame-se ela vício ou virtude... Um tal espírito, que assim *se tornou livre*, acha-se com alegre e confiante fatalismo no meio do universo, na *fé* de que apenas o que está isolado é censurável, de que tudo se redime e se afirma no todo — *ele já não nega*... Mas uma tal crença é a maior de todas as crenças possíveis: eu a batizei com o nome de *Dionísio*. — (*CI*, IX, §49).

Vale destacar alguns pontos imediatamente relevantes para nossa discussão. Em primeiro lugar, o ponto de que só se é forte o bastante para a liberdade mediante um intenso trabalho de cultivo, em todas as esferas. É essa força cultivada que habilita uma nova relação com os próprios impulsos, porque esse indivíduo forte "pode ousar se permitir todo o âmbito e a riqueza do que é natural". Além disso, esse trato com os impulsos segue um princípio de integração: "apenas o que está isolado é censurável" pois "tudo se redime e se afirma no todo". O modelo está associado, também, a um ponto de vista supramoral: "não há coisa proibida senão a *fraqueza*, chame-se ela vício ou virtude". Essa seria, então, uma configuração psicofisiológica a que corresponde uma *intensificação* da atividade vital. Ainda, essa configuração psicofisiológica do modelo de liberdade que interessa a Nietzsche está associada a uma *crença*.

Há aqui um curioso paralelo com o já mencionado *A* §560, *O que somos livres para fazer*. Confirmando o alerta de *Aurora* de que a liberdade pode ser impedida por uma *crença* na "imutabilidade do caráter", a figura libertária de Goethe no *Crepúsculo dos Ídolos* sinaliza a crença contrária: ao invés de isolamento e fixidez, flexibilidade e integração. Esse paralelo reforça a leitura processual da liberdade enquanto uma *disposição* que é o lastro de um *valor* que engendra uma *crença* que orienta uma *prática*.

A partir de *Crepúsculo*, Nietzsche passa a identificar essa disposição com a figura de Dioniso, que volta a receber um destaque só visto anteriormente em *O Nascimento da Tragédia*. Isso parece indicar que a liberdade é pensada, cada vez mais, por referência ao princípio de intensificação da atividade vital.

Organizando algumas linhas de interpretação que levantamos até agora, seria possível dizer que a filosofia nietzschiana do cultivo de si se contrapõe à moral ao propor uma relação virtuosa — excelente — com os impulsos e afetos de modo a recuperar algo de seu egoísmo espontâneo. Paradoxalmente, a conquista da virtude estaria ligada ao cultivo de uma medida que permitiria um tipo de "retorno à natureza", qualificada, mais especificamente, como uma "ascese" à natureza (*CI*, IX, §49), e que entendemos aqui como um cultivo da excelência no trato com os impulsos que permite recuperar algo de seu egoísmo espontâneo. O ser virtuoso é aquele que, mediante intenso trabalho de cultivo e disciplina, pode se permitir a liberdade dos impulsos.

Com isso podemos dizer que se encontra em Nietzsche algo como uma ética das virtudes? Ao que tudo indica, não. Em primeiro lugar porque, diferente de Aristóteles e outros pensadores, Nietzsche não oferece nada parecido com um sistema acabado do que seria sua "ética". O tema da virtude irrompe em alguns contextos de sua filosofia e de sua confrontação com a moral, mas frequentemente acompanhado de advertências *contra* a virtude. Assim, são conhecidas as exortações nietzschianas no sentido de "não se deixar escravizar pelas próprias virtudes", ou a afirmação surpreendente de que "é uma medida de força, o quanto se está apto a livrar-se da virtude" (Nachlass/FP, 10 [45], 1888), ou ainda a ideia de que "toda virtude tende à estupidez e toda estupidez à virtude" (*ABM*, §227). O trato com as virtudes seria regido pela máxima "tornar-se senhor de suas próprias virtudes", que soa bastante paradoxal e totalmente estranha ao ambiente das éticas antigas. Nietzsche dá indícios de que, diferentemente de Aristóteles — na verdade, diferente de qualquer possível defensor de uma ética das virtudes — ele não identifica a vida virtuosa com a "vida boa".

Paul van Tongeren nota que o capítulo de *Além de Bem e Mal* aparentemente dedicado ao tema das virtudes começa com uma interrogação: "Nossas virtudes?" — em um aforismo que levanta a questão sobre, caso ainda tenhamos virtudes, quão semelhantes elas seriam às virtudes de nossos antepassados. Em sua reconstituição da argumentação nietzschiana nesse capítulo, van Tongeren aponta que, ao invés de oferecer uma lista ou definição das virtudes que sobreviveriam à passagem para uma era pós-moral, Nietzsche parece narrar, pelo contrário, a tragédia da "autossupressão" das virtudes. Incapazes de crer na virtude com a boa consciência de nossos antepassados, os "primogênitos" da era pós-moral estariam fadados a submeter suas virtudes a um escrutínio fatal para as próprias virtudes (van Tongeren, 2016).

Ao falar de virtude, Nietzsche por vezes se refere mais a Maquiavel do que a Aristóteles, e isso provavelmente tem a ver, segundo a nossa leitura, com o caráter *político* de seu imoralismo. Levando isso em conta, deve-se passar à questão sobre se o filósofo favorece um tipo específico de agente político e sobre o tipo de intervenção que sua filosofia pretende realizar a favor da criação de um contexto político que beneficie o cultivo dos tipos de exceção.

5.3 Liberdade para quem?

O assim chamado perfeccionismo nietzschiano tem sido interpretado, em linhas gerais, a partir da ideia de que os tipos de exceção ocupam um lugar mais alto na hierarquia de valores do que o tipo normal. As dificuldades de interpretação têm início com a questão sobre se Nietzsche tem uma concepção substantiva a respeito do que constitui o "bem" a ser perseguido pelos tipos de exceção e reconhecido pelos demais. Uma resposta afirmativa a esta questão usualmente recorre a uma interpretação literal da ideia de vontade de poder — se tudo é vontade de poder, vale mais quem expressa mais poder[64].

Essa leitura ganha uma conotação meramente formal, no entanto, tão logo nos lembremos das várias afirmações de que fraco e forte são conceitos relativos, circunstancialmente interpretados segundo o arranjo de forças peculiares eventualmente em jogo. Essa é uma correção muito importante porque evita interpretações substantivas que trariam a vontade de poder nietzschiana para perto do espírito absoluto hegeliano, por exemplo, de modo que o poder seria algo como a essência do mundo a se expressar de forma mais ou menos perfeita em cada indivíduo[65]. Em geral, as interpretações substantivas do perfeccionismo nietzschiano tendem a perder de vista o aspecto relacional do poder.

Nietzsche sugere, por exemplo, que o tipo mais livre expressa maior potência do que os demais. Se o tipo mais livre é aquele movido por uma disposição pulsional para a liberdade, essa disposição conta como uma fatalidade, algo que se tem ou não se tem. Mas dito isto resta a enorme dificuldade de identificar os casos individuais em que essa disposição estaria presente ou

64. Interpretação proposta, por exemplo, por HURKA, 2022.

65. Um paralelo criticado por HURKA, 2022.

não; ou ainda, se poderia ou não ser cultivada. Do ponto de vista do agente, pode ser muito difícil ter consciência sobre as opções que de fato promoveriam a maximização do seu poder. Ao enfrentar essas questões Nietzsche acaba por recorrer, forçosamente, à esfera subjetiva do "sentimento de poder".

A afirmação de que o tipo mais livre expressa mais poder, e por isso é reconhecido como a instância de mais alto valor, cria algumas dificuldades de interpretação sobre os outros tipos, o último homem, o sacerdote ascético, o tipo decadente... Se liberdade é poder e a vida é vontade de poder, por que esses tipos não aspiram à liberdade? Por que, ao contrário, tornaram-se opositores mais ou menos ferozes do tipo livre?

Ao que parece, é possível entender que há uma miríade de fatores concorrentes na configuração do tanto de poder que um arranjo específico (seja uma pessoa ou um grupo) é capaz de assimilar. Numa pessoa em que o instinto de rebanho se tornou rigidamente dominante, por exemplo, o máximo de poder talvez seja alcançado na realização das funções grupais; já o indivíduo que conseguiu escapar ao domínio do instinto de rebanho pode funcionar como um melhor "condutor" de relações mais potentes, realizando uma disposição para a liberdade mais intensa.

Esta questão se desdobra em uma outra: a disposição para a liberdade deve ser cultivada com vistas a algum fim específico? Ou seja, o valor da liberdade está em que os indivíduos assim dispostos chegariam a algum tipo de resultado particular? Apesar da ideia de que se deve lutar para que o tipo mais livre tenha condições de se cultivar para a liberdade, esse interesse não parece estar fundado na ideia de que os *atos* do tipo livre seriam especialmente úteis à sociedade, até porque, o que é considerado útil à sociedade é algo muito circunstancial e pode ser realizado de várias formas, inclusive por seus indivíduos menos excelentes. O interesse de Nietzsche pelos tipos raros é certamente movido por fatores outros, que não a utilidade; fatores, aliás, que dificilmente transparecem nos atos em si. Veja-se, por exemplo, esta passagem de *A Gaia Ciência*:

> *A história de cada dia.* — O que representa a história de cada dia para você? Olhe para seus hábitos, nos quais ela consiste: são eles

> o resultado de inúmeras pequenas covardias e preguiças ou de sua valentia e razão criadora? Embora sejam tão diferentes os dois casos, é possível que os homens lhe tributem os mesmos elogios e que você também lhes seja igualmente útil de uma forma ou de outra. Mas louvor, utilidade e respeitabilidade podem bastar para quem quer apenas ter boa consciência — não para você, escrutador das entranhas, que tem *ciência no tocante à consciência*! (*GC*, §308).

O final da citação indica uma relação especial consigo mesmo. Os tipos mais livres são vistos como exemplares que têm valor *em si*, sua raridade e complexidade, por si, seriam algo que enriquece o espaço do humano. A existência desses tipos excepcionais, com sua "valentia" e "razão criadora", frequentemente em contradição com a norma do tempo e espaço em que surgem, amplia o repertório de afetos e modos de vida possíveis, e é possível reconhecer nessa mesma contradição o valor de sua contribuição. Isso explica o fato de que a lista de personalidades admiradas por Nietzsche inclua, por exemplo, Cesare Borgia, um estrategista mediano, morto precocemente, sem maiores feitos do que a própria paixão com que defendeu a sua família. É fato também que essa lista é uma lista bem variada — o mais importante a se notar aqui é que a disposição para a liberdade pode se manifestar nos mais diferentes tipos e servir ao engajamento nas mais diferentes práticas.

O que está em jogo parece ser muito mais um princípio de fidelidade a si mesmo do que o planejamento de alguns resultados valiosos em particular. Solomon (2002) alerta que a ideia de cultivar-se para a liberdade e responsabilidade implica tão somente no compromisso com a realização das nossas aspirações mais elevadas, frequentemente ameaçadas pelas nossas inclinações menos elevadas e pelas várias adversidades externas. Esse é um compromisso que pode se sustentar sem necessidade de fundamentação objetiva sobre o que é a virtude e a excelência humana. O compromisso com a sua própria singularidade e toda a fatalidade que a compõe coloca-se, necessariamente, na contramão da deontologia, e este é precisamente o ponto do combate de

Nietzsche contra os "melhoradores da humanidade" (SOLOMON, 2002, p. 74).

Nietzsche não identifica a prática da liberdade com nenhum conteúdo específico, nem a restringe necessariamente às atividades que Rawls identificou como esferas honoríficas da cultura: artes, ciências, esportes etc.[66] A cultura, para Nietzsche, deve ser entendida no sentido mais amplo das formas de produção da vida, e o engajamento cultural pode ser uma oportunidade para os mais diferentes indivíduos se cultivarem, se não para a excelência, certamente para a transformação e aprimoramento.

O próprio termo perfeccionismo cria dificuldades porque sugere que o ideal nietzschiano de excelência poderia corresponder a uma forma específica de arranjo dos impulsos, ou um *estado* de perfeição que se possa atingir, mas isso certamente não é o caso. Por tudo que temos visto, é seguro afirmar que o maior valor para Nietzsche está na capacidade de pluralizar e intensificar as forças do Eu de modo que ele se torne tanto mais dinâmico. Se a liberdade conta como o mais alto valor nietzschiano, como temos defendido, é porque Nietzsche não a entende como um estado, mas como a disposição para uma prática, sempre inacabada, de tornar-se o que se é. E esse não é um processo de adequação a uma forma perfeita, mas pelo contrário, um processo de libertação das formas com que a sociedade tenta estabilizar o Eu (LEMM, 2007).

O que o tipo mais livre encontra na cultura é justamente um repertório de instrumentos que lhe permitem essa libertação:

> Educação (*Erziehung*) e cultivo (*Bildung*), como Nietzsche os entende, não são impostas de fora para dar forma a algo interno. Da perspectiva da cultura, não se pode dar uma forma à vida porque toda tentativa de lhe formatar é uma intervenção que corre o risco de deformá-la e destruí-la. Nesse sentido, a cultura é na verdade o oposto do melhoramento moral constituído pelo projeto civilizatório

66. Ver RAWLS, 1971; CAVELL, 1990; LEMM, 2007.

> de dar à vida a forma que lhe falta de acordo com a perspectiva da perfeição moral. (LEMM, 2007, p. 19, tradução livre).

Mas se entendemos perfeccionismo como a ideia de que os indivíduos capazes de liberdade e responsabilidade são instâncias do mais alto valor, e ainda, que é preciso intervir na cultura a favor desses indivíduos, a resposta parece ser sim, nesse sentido Nietzsche pode ser considerado um perfeccionista. O perfeccionismo nietzschiano, no entanto, não seria um perfeccionismo da forma, nem dos atos, mas um perfeccionismo da força, por assim dizer. Ele se define apenas em termos de intensidade, relativos e relacionais.

Esse perfeccionismo certamente contém traços aristocráticos se entende que o cultivo da excelência em geral, ou a prática da liberdade, em particular, não é acessível a todos os indivíduos, mesmo que a construção de uma cultura mais livre traga benefícios para todos. Aliás, este certamente é o caso, já que a dominância dos ideais ascéticos traz prejuízos não só aos tipos de exceção, mas a todos os envolvidos na cultura, pois ela está ligada a práticas que inflacionam o sofrimento, ao mesmo tempo em que firmam uma promessa irreal de neutralização do sofrimento e funcionam, portanto, como um remédio pior que a doença.

É nesse contexto que se deve pensar a crítica de Nietzsche à modernidade democrática. Um ponto importante da crítica às instituições modernas é que elas valem menos do que a *luta* que foi necessária para a sua instituição. Isto porque não são as instituições, mas a luta, em si, que oferece oportunidade para o exercício da liberdade (*CI,* IX, §38). Ao longo de sua obra, Nietzsche se mostra cada vez mais preocupado com o risco de que o regime moderno, sob tais instituições, acabe por minar essas oportunidades:

> Os povos que tiveram algum valor, que se *tornaram* de valor, nunca se tornaram assim sob instituições liberais: o *grande perigo* fez deles algo que merece respeito, o perigo que nos faz conhecer nossos recursos, nossas virtudes, nossas armas e defesas, nosso *espírito* — que nos *compele* a ser fortes... Primeiro princípio: há que ter necessidade de ser forte; senão jamais chegamos a sê-lo. (CI, *IX,* §38).

Mas ele é também o primeiro a reconhecer que o problema não está nas instituições em si, mas em "nós": "Depois que perdemos todos os instintos dos quais nascem as instituições, estamos perdendo as instituições mesmas, *porque* não mais prestamos para elas" (*CI*, IX, §39).

Resta, assim, uma série de questões sobre as oportunidades de desenvolvimento da força, dos tipos de exceção, e das condições culturais mais favoráveis para tal. Essas questões já foram entendidas, por exemplo, em termos da pergunta sobre o grau de intervenção nas condições políticas, ou seja, a questão sobre em que medida seria desejável moldá-las conforme os interesses do tipo forte, independentemente de como ele se manifeste. Esta questão se traduz naquela sobre se Nietzsche defenderia a planificação da sociedade a favor do tipo de exceção. Se este é o caso, Nietzsche estaria afirmando que é possível manipular as condições de produção da exceção, algo que ele mesmo entende como obra da contingência, já que os tipos de exceção seriam justamente os "acasos felizes" da humanidade. Essa possibilidade sugere a ideia paradoxal de que se poderia estabelecer regras para a criação da exceção (LOPES, 2013, p. 126).

Ainda assim, é possível entender que cabe ao filósofo a tarefa de desobstruir as condições de surgimento do tipo livre, criando condições culturais mais favoráveis, em que os valores associados à liberdade não estejam de antemão condenados. Esta não é uma interpretação implausível para as críticas nietzschianas às instituições democráticas liberais e seu "filisteísmo" da cultura, apoiado, em última instância, nos valores da moral cristã. Apesar de sua simpatia pelos regimes aristocráticos — em que o governo é ocupado pelos melhores — enquanto alguém que preza pelo realismo Nietzsche está ciente de que esta opção não está na mesa em tempos de democracia liberal:

> Um alvo preferencial da crítica mais ampla de Nietzsche à modernidade é a crença voluntária, ingênua, de que as instituições liberais podem contribuir para a produção da cultura e aprimoramento da humanidade. Elas não podem, mas nós modernos tardios não

> estamos em condições de nos submetermos ao tipo de instituições que talvez pudessem. (CONWAY, 2008, p. 41. Tradução livre).

Ao comentário de Conway, pode-se acrescentar a suspeita de que talvez o próprio Nietzsche não saiba muito bem quais instituições seriam essas. As eventuais menções a formas antigas de regime estamental, como a lei de Manu, parecem cumprir a função meramente retórica de chocar a sensibilidade do leitor e lembrar que diversas formas sociais já foram possíveis e novas formas podem vir a ser. Já os comentários misóginos e racistas devem ser lidos, a nosso ver e como o próprio Nietzsche o indica, como seu "ponto cego" (*ABM*, §231), um traço lamentável sem relevância filosófica. Para além disso, há pouquíssimas indicações sobre o que seria desejável do ponto de vista dos regimes e instituições políticas.

Mesmo em *Além de Bem e Mal*, onde se encontra a defesa mais veemente de um tipo de platonismo político e toda uma campanha contra as instituições modernas, Nietzsche acaba por admitir que as condições políticas e culturais da modernidade podem bem ser as mais favoráveis para o surgimento dos tipos mais extraordinariamente fortes:

> As mesmas novas condições em que se produzirá, em termos gerais, um nivelamento e mediocrização do homem — um homem animal de rebanho, útil, laborioso, variamente versátil e apto —, são sumamente adequadas a originar homens de exceção, da mais perigosa e atraente qualidade. (*ABM*, §242).

Ele parece apostar que uma norma alternativa pode brotar, no futuro, do próprio enfrentamento com os ideais e as instituições que constituem o regime atual. A energia de enfrentamento, ela mesma, é necessária para a criação de novos valores que possam reorientar a vida política.

A nosso ver, a maior contribuição do próprio Nietzsche está, por um lado, em seu ataque à moral enquanto sustentáculo dessas instituições e práticas de governo e, por outro, na prática de bem-dizer as forças capazes de lhe fazer oposição, que temos identificado em termos de uma disposição para a liberdade. Essa disposição aparece, então, como *princípio* de enfrentamento político e, novamente, como *resultado* positivo, uma vez que a derrocada da moral aumente o saldo de liberdade da cultura, em geral.

O ideal nietzschiano de liberdade, cujas pistas temos seguido aqui, pode se mostrar insuficiente enquanto elemento fundador de um novo sistema ético. Segundo a nossa leitura, esta sequer chega a ser uma intenção nietzschiana, frente ao diagnóstico de que a humanidade viveria ainda um momento de "luto" pelos valores morais, cuja superação depende ainda de uma radicalização do experimento imoralista. O compromisso com esse ideal tampouco parece suficiente para sustentar a proposta de um novo regime político, e todas as dúvidas em relação a esse tópico parecem apontar para o fato de que uma proposta desse tipo não está elaborada na filosofia nietzschiana.

Mas esse compromisso certamente está associado a uma agenda política e a alguns indicadores normativos. Essa agenda se define, em termos gerais, por um enfrentamento com a cultura moral e implica, em alguma medida, no enfraquecimento das instituições sustentadas por essa cultura. Esse é um enfrentamento para o qual o próprio Nietzsche certamente apresenta uma contribuição significativa, não só pelo imenso trabalho de fazer uma crítica dos valores morais e de seus pressupostos, mas também pelo avanço na tarefa de *transvaloração* dos valores. Manter em mente o compromisso com o meta-valor de liberdade, em sua acepção propriamente nietzschiana, e os traços fundamentais do programa político que ele sustenta, pode ajudar a resgatá-lo de uma interpretação trivial que relegaria a sua filosofia a um tipo inócuo de relativismo.

Esses valores "transvalorados" podem ser tomados, precisamente, como indicadores de sucesso do experimento imoralista, ao favorecer os índices contrários ao regime moral: onde a moral estabeleceu o valor da homogeneização dos estados interiores e do comportamento, o experimento imoralista preconiza a singularidade e independência; onde o instinto de rebanho tornou-se o operador central da relação com os hábitos e valores, faz-se necessário desobstruir os instintos contrários; contra a valorização do que é simples e comum, a exaltação da raridade e complexidade; contra a estabilidade, a conservação e a mediania, a transformação e a intensidade; ao princípio de conciliação, o princípio agonista; contra a cultura da punição e sua "metafísica de carrasco", a inocência do devir; contra o ideal de adequação a um propósito final da existência, a aceitação da contingência e obscuridade das forças envolvidas no processo; aos estados penitentes e graves, os estados desejantes, afirmativos e alegres associados às noções de eterno retorno e *amor fati*; como o inverso do "último homem", o tipo mais livre.

Acima de tudo, a primazia do valor de liberdade no interior do programa normativo nietzschiano se justifica enquanto condição de criação de novos valores — mais do que isso, como pré-requisito à tarefa de criação de uma hierarquia de valores, na contramão da indistinção valorativa dos ideais modernos democráticos. O tipo livre oferece sua contribuição singular à cultura na medida em que, contra todas as expectativas do modo de vida moderno, consegue afirmar, com autonomia, que algumas coisas são dignas de maior valor do que outras, e fazê-lo de forma não-moral. O maior fruto do experimento imoralista, que encontra nas práticas de cultivo de si um percurso indispensável, seria o enriquecimento do acervo cultural de instintos, valores e práticas que não seguem uma lógica moral. Valores que não demandam validade universal, por exemplo, ou valores cuja validade não demanda obediência, mas afinidade; valores mais despretensiosos do ponto de vista de sua fundamentação, valores feitos sob medida para um certo modo de vida ou comunidade.

Pode-se concluir que embora o compromisso com a liberdade não seja suficiente para estabelecer um novo sistema ético, ele ainda assim cumpre um papel decisivo na tarefa a que Nietzsche dedicou sua obra, a tarefa de superação do ponto de vista moral. E se, apesar de constituir-se eminentemente como um valor político, o ideal nietzschiano não é o suficiente para discriminar uma completa recomposição dos regimes políticos e suas instituições, ele certamente aparece como combustível do enfrentamento político com as formas modernas de produção cultural.

À luz do compromisso com a liberdade, pode-se melhor apreciar a honestidade com que Nietzsche apresenta suas soluções valorativas como algo *seu*, como produtos de uma trajetória filosófica pessoal pautada pelo encontro crítico com o outro. Essa honestidade aparece na renúncia à pretensão de uma fundamentação última para esses valores que, no limite, só são compartilháveis por afinidade, atração e disputa política.

Nossa interpretação se distancia de certa tendência, presente principalmente nos comentários em língua inglesa, que consiste em aparar as arestas da filosofia nietzschiana para torná-la mais palatável, harmonizá-la com a sensibilidade moral vigente ou com o ambiente da meta-ética contemporânea. Enquanto as leituras populares de Nietzsche frequentemente incorreram nos lugares comuns de demonização ou santificação, as leituras acadêmicas, ao que nos parece, ocasionalmente sucumbem ao risco contrário e igualmente danoso de tentar domesticar sua obra ao ponto do prosaico. Na contramão, é preciso não fugir ao desafio de escutar a filosofia nietzschiana no que ela tem de extemporânea, acreditando que o bom encontro com a filosofia requer que se deixe cair a expectativa de descobrir, no texto filosófico, um sistema de soluções gerais e definitivas, harmônicas com os nossos hábitos morais e intelectuais.

Nesse sentido, um dos pontos mais difíceis da filosofia nietzschiana, sua reivindicação de que a moral seja reduzida à política, pode ser visto não como uma resposta clara, mas como um desafio incontornável para uma época que parece padecer da tendência contrária: a de reduzir o debate político a seus aspectos morais, com consequências catastróficas que se aproximam da implosão do espaço político. Numa época em que a sobrevida dos resíduos morais contrasta com a decadência das instituições que neles se apoiaram, não encarar o fato da dissolução dos pressupostos morais significa adiar um enfrentamento político fundamental.

Ao final, talvez se possa concluir também que os espaços deixados em aberto pela ausência de uma resposta definitiva a essas grandes questões conta como um atrativo a mais da filosofia nietzschiana. Revisitar a obra nietzschiana com o olhar voltado à radicalidade de sua crítica à moral, à profundidade de seu compromisso com a liberdade, e ao ambiente arejado de suas indefinições, pode ser uma oportunidade de experimentar algo da visão final que o próprio Nietzsche oferece sobre seus escritos, ao perceber, neles, "quão tranquilas banham-se as coisas na luz! Com que liberdade se respira!" (*EH*, Pr., §3).

5.4 Um valor político

Na tradição de interpretação da obra de Nietzsche, há uma forte tendência de alinhamento entre o tema do cultivo de si e da estética de si. Eventualmente, essa leitura deu ensejo à ideia de que, na filosofia nietzschiana, haveria uma redução da moral à estética. Segundo essa leitura, enquanto o cultivo de si não está submetido a regras morais, ele se orientaria por preceitos análogos àqueles que se aplicam ao campo das artes, de modo que o cultivo de si poderia ser reduzido à fórmula "cultivar-se a si mesmo como uma obra de arte". Alexander Nehamas, um dos precursores dessa leitura, reconhece afinal, em seu belíssimo livro *Nietzsche: Life as Literature* (1985), que a aproximação é meramente metafórica. Ainda assim, é comum nos depararmos com sugestões de que seria possível substituir a noção de "bem" pela de "belo", liberar da regra a favor da inspiração do exemplo. O perigo aqui é, por comutação, incorrermos num moralismo *soft*.

A leitura esteticista parece deixar de fora um aspecto importante da filosofia nietzschiana: a ideia de "dar forma" ou "conferir estilo" ao próprio caráter se refere a uma prática que vai além da mera "ressignificação" e "conciliação psicológica", pois ela diz respeito a um rearranjo a nível dos instintos. Circunscreve-la ao âmbito psicológico parece impor uma limitação do cultivo de si às esferas do imaginário e do simbólico, deixando escapar o fato de que os instintos são algo da ordem do real.

A solução estética ilumina de forma muito limitada um aspecto importante do cultivo de si, que é o fato de que esse rearranjo tem também uma função terapêutica, a função de libertar do sofrimento advindo da solução moral. Essa libertação nem sempre se dá em termos de conciliação psicológica, ou redenção simbólica — muitas vezes ela vem de um rearranjo político que é da ordem do real, como no caso da abolição do castigo. Pode-se pensar numa infinidade de sofrimentos sociais mais sutis, que têm origem na primazia do regime moral, ele mesmo uma ferramenta política.

A via esteticista parece também insuficiente para se abordar o conflito *político* entre os instintos, ou entre instintos e valores, ou entre o "tipo mais livre" e os outros tipos, retirando o sentido de poder do modelo explicativo das *vontades de poder*.

Um outro problema, ao que nos parece, está em que a solução estética necessariamente deixa de fora um aspecto importante da filosofia nietzschiana, que é o seu compromisso — crítico, problematizado, conflituoso, mas ainda assim, um claro compromisso — com o valor da verdade e com as virtudes epistêmicas. A ideia de construir-se como uma obra de arte teria, portanto, uma aplicação restrita, já que as virtudes e valores epistêmicos, fundamentais ao tipo *mais livre*, são cultivados em outro terreno, que não exatamente o da arte[67].

O valor da verdade não só está associado à salutar aquisição de virtudes epistêmicas, mas ganha preeminência porque a capacidade de honestidade intelectual cumpre um papel fundamental na assimilação do *insight* genealógico sobre a vida dos impulsos e valores, requisito indispensável à prática da liberdade. Reconhecer que se está pessoalmente implicado nas próprias avaliações — esta seria uma exigência de honestidade intelectual da qual os moralistas teriam passado ao largo (*ABM*, §5).

Harcourt aponta, a nosso ver corretamente, que a interpretação segundo a qual os valores nietzschianos seriam "meramente estéticos" expressa um juízo *interior* ao regime moral que Nietzsche critica (HARCOURT, 2011, p. 266); Harcourt argumenta, convincentemente, que o aspecto atrativo (em oposição, por exemplo, às alternativas deontológicas ou utilitárias) dos valores (não-morais) que interessam a Nietzsche não é o bastante para qualifica-los como valores estéticos

---

67. Para uma leitura parecida ver LANE (2007); GAASTERLAND (2016).

(HARCOURT, 2011, p. 272); o intérprete alerta, ainda, que a ideia de que alguém deva moldar o próprio caráter segundo um modelo artístico qualquer pode ser visto até mesmo como uma *falha* de caráter, precisamente pelo pouco espaço que esse ideal deixaria para o princípio de verdade (HARCOURT, 2011, p. 275) [68].

A solução estética chamou a atenção da filósofa Philippa Foot, para quem, por supostamente reduzir a moral à estética, Nietzsche se coloca terminantemente de fora do espaço da ética, pela renúncia radical de qualquer ideia de igualdade. Não nos parece suficientemente clara a ideia de que Nietzsche se coloca contra *qualquer* sentido de igualdade; ele certamente se opõe ao ideal de igualdade do iluminismo democrático, mas este é apenas um sentido específico de igualdade, ligado a um programa político também específico, histórica e culturalmente circunscrito[69]. Se esse é o sentido de igualdade em jogo, Foot parece correta ao tomar Nietzsche por um pensador antimoderno e anti-igualitário. O que não parece correto é o passo seguinte: a conclusão de que, ao denunciar a colaboração moral dos ideais burgueses de igualdade e os princípios hedonistas de bem-estar, Nietzsche estaria avançando o objetivo de reduzir o ético ao estético.

Ao que nos parece, Nietzsche reivindica uma recondução dos valores a seu sentido *político*. Isso se dá porque o próprio modelo explicativo das

---

68. Para uma leitura um pouco diferente ver OWEN (2013). Owen argumenta, com razão, que o indivíduo soberano se aproxima do artista na medida em que, assim como o artista mais realizado, ele entende que sua ação livre não ocorre na contramão das relações de necessidade, mas no interior da necessidade. A ideia de que os artistas entendem a relação entre necessidade e "livre-arbítrio", e portanto teriam algo a ensinar aos filósofos, aparece em *ABM*, §213. A leitura de Owen, no entanto, parece se alimentar de aproximações meramente analógicas entre o espaço da arte e o espaço da liberdade, e seria insuficiente enquanto explicação do compromisso com o valor da verdade e seu papel na assimilação do *insight* genealógico. Não nos parece que esse ponto de contato, talvez até metafórico, entre o artista e o indivíduo soberano seja suficiente para reduzir o sentido político da liberdade a um sentido estético.

69. Foot resume sua própria ideia de igualdade, aquela que não teria encontrado em Nietzsche, na fórmula "estamos todos no mesmo barco". Curiosamente, essa mesma fórmula serviu de slogan das classes altas durante o enfrentamento da pandemia do COVID-19, enquanto ignoravam solenemente a desigualdade de condições no enfrentamento dos terríveis efeitos da pandemia, que atingem de forma imensamente mais grave a parcela mais pobre da população.

vontades de poder é, em si mesmo, um modelo político. Uma leitura realista das dinâmicas de poder, seus arranjos circunstanciais de equilíbrio e equipolência, é o que sobraria de uma interpretação moralmente deflacionada ou eliminativista. Isso, é claro, traz uma série de problemas para a filosofia nietzschiana, como tem sido notado entre os comentadores. Há ainda muitas dúvidas sobre as consequências da crítica de Nietzsche ao princípio de igualdade, até porque essa crítica não parece se assentar no campo da justiça distributiva; Nietzsche tem muito pouco a dizer sobre a distribuição dos bens materiais, por exemplo. Sua maior preocupação parece ser recuperar um tipo de preeminência política dos tipos excepcionais, encontrada, de certa forma, nas sociedades aristocráticas. Mas essa aspiração não se faz acompanhar de sinalizações muito claras sobre um sistema político alternativo qualquer a ser adotado.

Essas incertezas se devem, em parte, à falta de clareza sobre os valores, e, em última instância, as instituições que poderão mediar a vida social sem a ancoragem da moral, e é por isso que a perda dessa ancoragem é encenada, em vários momentos do texto nietzschiano, como uma perda, de fato. Se para o leitor contemporâneo a filosofia política nietzschiana aparece como um problema, isto não pode obliterar o fato de que o valor dessa filosofia talvez esteja, precisamente, em *apontar* um problema que o próprio Nietzsche enxergou sob um ponto de vista *trágico*. Pode-se discutir até que ponto o próprio Nietzsche estaria ciente das implicações políticas desse problema e, independentemente disso, concluir que sua obra é insuficiente enquanto solução.

Mas ainda assim é possível encontrar nessa obra um método realista de análise política a partir da genealogia das relações de poder. Esse método serve, primeiramente, para descrever qualquer fenômeno humano — seja ele subjetivo, individual, ou coletivo, comunitário, social — a partir do vocabulário político, o vocabulário do poder, que se desdobra em termos de comando e obediência, força e fraqueza, alianças, negociações, concessões, sanções, conflitos, etc. A aplicação desse vocabulário seria tanto mais apurada quanto moralmente deflacionada.

Uma outra contribuição que sobrevive às indeterminações de sua filosofia política seria o próprio repertório de indicações práticas que têm a ver, em linhas gerais, com o seu interesse pelo cultivo de si e pelos tipos de exceção.

Dentre eles, o tipo de exceção que mais interessa a Nietzsche, o tipo *mais livre*, e também mais potente, seria aquele capaz de gerir a vida política de seus instintos e valores segundo um princípio de liberdade. Mas além disso, o valor de liberdade, enquanto um meta-valor ou valor-guia do experimento imoralista, funciona, a princípio, como uma reivindicação *política* de autonomia. Trata-se, portanto, de uma dinâmica política de construção de si, tanto no que diz respeito ao arranjo pessoal de instintos, afetos, valores, e os conflitos internos a eles, quanto no que diz respeito ao jogo de forças sociais e culturais. O pano de fundo do experimento é o campo de batalha contra a moral, e esta é, afinal, uma ferramenta política, como fica cada vez mais claro na obra.

Isso não significa que os valores estéticos não tenham um papel importante no imoralismo nietzschiano, pelo contrário. Os valores estéticos, assim como os valores epistêmicos, em sua versão não-moral, são convocados ao experimento, que é, afinal, um experimento de produção de valores não-morais. É preciso que esse experimento seja alimentado por toda uma riqueza de recursos imaginários e simbólicos, advindos das artes, da ciência, de conhecimento dos mais diferentes tipos. Mas o experimento imoralista, em si, é descrito e justificado em termos políticos, e orientado na prática pelo valor de liberdade, que é sempre o motor de alguma insurreição.

Assim entendido, o imoralismo nietzschiano não seria uma renúncia à esfera da eticidade, mas uma renúncia a qualquer solução definitiva nesse campo, que se torna, assim, um campo de experimentação. Sob o risco de um moralismo recalcitrante, esse campo e as atividades nele desenvolvidas devem ser pensados sob um ponto de vista político, e portanto traduzidas em termos de interesses, necessidades, enfrentamentos, associações, etc. Se quisermos reduzir o imoralismo nietzschiano a uma fórmula, diríamos então que ele é um *experimento* político de cultivo de si, a ser conduzido pelo valor de liberdade.

Referências bibliográficas

ANSELLPEARSON, K. (ed.) *Nietzsche and Political Thought*. Bloomsbury Academic, 2013.

BAILEY, T. Nietzsche's modest theory of action. In KATSAFANAS, P. (org.), *The Nietzschean Mind*. New York: Routledge, 2018.

BARRENECHEA, M. A. *Nietzsche e a liberdade*. Rio de Janeiro: 7Letras, 2008.

BERTINO, A. C. "As with Bees"? Notes on Instinct and Language in Nietzsche and Herder. In CONSTÂNCIO, J. e BRANCO, M. J. (orgs.) *Nietzsche on Instinct and Language*. Berlin: De Gruyter, 2011.

BRUSOTTI, M. Os conceitos nietzschianos de espontaneidade e soberania e a filosofia kantiana. Estudos Nietzsche, Espírito Santo, v. 13, nº 1, p.10-48, jan./jun. 2022.

CAVELL, S. *Conditions Handsome and Unhandsome: The Constitution of Emersonian Perfectionism*. Chicago: University of Chicago Press, 1990.

CONANT, J. "Nietzsche's Perfectionism" in SCHACHT, R. (ed.), *Nietzsche's Postmoralism. Essays on Nietzsche's Prelude to Philosophy's Future*. Cambridge: Cambridge University Press, pp. 181–257, 2001.

CONSTÂNCIO, J. "On Consciousness: Nietzsche's Departure from Schopenhauer," *Nietzsche Studien* 40: pp. 1–42, 2011.

CONSTÂNCIO, J. 'A Sort of Schema of Ourselves': On Nietzsche's 'Ideal' and 'Concept' of Freedom. Nietzsche-Studien 41 (1): 127-162, 2012.

COSTA, G. B. do N. CARVALHO R. Jr., R. Sobre moralidade, indivíduo e consciência em Nietzsche. Outramargem: revista de filosofia, Belo Horizonte, n. 2, pp. 207-227, 1º semestre de 2015.

CONWAY, D. The Birth of State. In SIEMENS, H. W., ROODT, V., (eds.), *Nietzsche, Power and Politics – Rethinking Nietzsche's Legacy for Political Thought*, pp. 37-67. Berlin: De Gruyter, 2008.

FOOT, P. Nietzsche's Immoralism. In: *Moral Dilemmas*. Oxford: Oxford University Press, 2002, pp. 144–158.

GAASTERLAND, H. Anti-Stoic Lessons for the concept of *Amor Fati* in *Gay Science IV*. Pli: The Warwick Journal of Philosophy, pp. 70-89. Warwick: University of Warwick, 2016.

GARDNER, S. Nietzsche, the self and the disunity of philosophical reason. In GEMES, K., MAY, S. (eds.), *Nietzsche on freedom*. Oxford University Press, 2009.

GEMES, K., MAY, S. (eds.), *Nietzsche on freedom*. Oxford University Press, 2009.

GEMES, K. Nietzsche on the free will, autonomy and the sovereign individual. In GEMES, K., MAY, S. (eds.), *Nietzsche on freedom*. Oxford University Press, 2009.

GIACOIA JR., O. A autossupressão como catástrofe da consciência moral. Estudos Nietzsche, Curitiba, v. 1, n. 1, p. 73- 128, jan./jun. 2010.

GIACOIA JR., O. Arte e Filosofia: para uma crítica dos Ideais Ascéticos. Revista Philósophos, Goiânia, v. 21, nº 2, p.197-218, JUL./DEZ. 2016.

GÓRGIAS. *Elogio de Helena*. Tradução de Gabrielle Cavalcante. Revista de Estudos Filosóficos e História da Antiguidade, Campinas, nº 32, 2018.

GREEN, M. S. *Nietzsche and the Transcendental Tradition*. University of Illinois, 2002.

HARCOURT, E. Nietzsche and the "aesthetics of character". In MAY, S. (ed.), *Nietzsche's On The Genealogy of Morals* – a critical guide. Pp. 265-284. Cambridge: Cambridge University Press, 2011.

HURKA, T. Nietzsche como um filósofo perfeccionista. Estudos Nietzsche, Espírito Santo, v. 13, n. 1, p. 49-77, jan./jun. 2022.

HURKA, T. Nietzsche: Perfeccionist. In LEITER, B., SINHABABU, N. (eds.), *Nietzsche and Morality*. pp. 9-31. Oxford University Press, 2007.

JANAWAY, C. Affect, Autonomy and the self in Nietzsche's Project of Genealogy in GEMES, K., MAY, S. (eds.), *Nietzsche on freedom*. Oxford University Press, 2009.

KANT, I. *Fundamentação da Metafísica dos Costumes*. Tradução com introdução e notas por Guido Antônio de Almeida. São Paulo: Discurso Editorial: Barcarolla, 2009.

KANT, I. *Crítica da Razão Pura*. Tradução e notas de Fernando Costa Matos. 3ª Ed. Petrópolis, RJ: Vozes, 2013.

KATSAFANAS, P. Nietzsche and Kant on the Will: Two Models of Reflective Agency. Philosophy and Phenomenological Research, 89: pp. 185-216, 2014.

KATSAFANAS, P. *The Nietzschean Self – Moral Psychology, Agency, and the Conscious*. Oxford University Press, 2016.

KATSAFANAS, P. (org.), *The Nietzschean Mind*. New York: Routledge, 2018.

KAUARK, P. L. Causalidade e teoria quântica. Scientiæ zudia, São Paulo, v. 10, n. 1, p. 165-77, 2012.

LAMPERT, L. *Nietzsche's Task*: An Interpretation of *Beyond Good and Evil*. Yale University Press, 2001.

LANE, M. Honesty as the Best Policy. Nietzsche on *Redlichkeit* and the Contrast between Stoic and Epicurean Strategies of the Self, in BEVIS, M., HARGIS, J., RUSHING, S. (eds.), *Histories of Postmodernism*, pp. 25-51. New York: Routledge, 2007.

LEITER, B. Morality in the pejorative sense: On the logic of Nietzsche's critique of morality. British Journal for the History of Philosophy: Vol. 3, No. 1, pp. 113-145, 1995.

LEITER, B. Who is the "sovereign individual"? Nietzsche on freedom. In MAY, S. (ed.) *Nietzsche's On The Genealogy of Morals* – a critical guide. Pp. 101-119. Cambridge: Cambridge University Press, 2011.

LEITER, B. "Moralities Are a Sign-Language of the Affects". *Social Philosophy and Policy* 30 (1–2): pp. 237–258, 2013.

LEMM, V. Is Nietzsche a Perfectionist? Rawls, Cavell, and the Politics of Culture in Nietzsche's "Schopenhauer as Educator". Journal of Nietzsche Studies, Issue 34, 2007.

LEVY, N. Empirical Perspectives on Consciousness and its Relationship to Free Will and Moral Responsibility. In *The Routledge Companion to Free Will*. Routledge, Nov. 2016.

LOPES, R. A. *Ceticismo e vida contemplativa em Nietzsche*. Tese de doutorado. Belo Horizonte: Repositório de teses da Universidade Federal de Minas Gerais, 2008.

LOPES, R. A. "A ambicionada assimilação do materialismo": Nietzsche e o debate naturalista na filosofia alemã da segunda metade do século XIX. Cadernos Nietzsche, São Paulo, nº 29, p. 309-352, 2011.

LOPES, R. A. Há espaço para uma concepção não moral da normatividade prática em Nietzsche? Notas sobre um debate em andamento. Cadernos Nietzsche, São Paulo, nº 33, p. 89-134, 2013.

MATTIOLI, W. Do idealismo transcendental ao naturalismo: um salto ontológico no tempo a partir de uma fenomenologia da representação. Cadernos Nietzsche, São Paulo, nº 29, p. 221-270, 2011.

MATTIOLI, W. *O inconsciente no jovem Nietzsche: da intencionalidade das formas naturais à vida da linguagem*. Tese de doutorado. Belo Horizonte: Banco de teses da Universidade Federal de Minas Gerais, 2016.

MAY, S. Nihilism and the free self. in GEMES, K., MAY, S. (eds.), *Nietzsche on freedom*. Oxford University Press, 2009.

MAY, S. (ed.), *Nietzsche's On The Genealogy of Morals – a critical guide*. Cambridge: Cambridge University Press, 2011.

MEDRADO, A. *Tentativas e tentações naturalistas*. Dissertação de mestrado. Belo Horizonte: UFMG, 2014.

MEDRADO, A. Humano e o devir histórico da Filosofia. Revista Poiesis, Montes Claros, v. 12, nº 2, p. 30-56, 2016.

MEDRADO, A. Imoralismo – Uma ética nietzschiana? Cadernos Nietzsche, São Paulo, vol. 38 n. 3, Set/Dez, 2017.

MEDRADO, A. *Liberdade e Imoralismo em Nietzsche*. Tese de Doutorado. Belo Horizonte: Repositório de Teses da UFMG, 2021.

MEDRADO, A. O cultivo de si, o cultivo da liberdade. Estudos Nietzsche, v. 13, p. 141-173, 2022

MEDRADO, A. Nietzsche e as transmutações da liberdade. Modernos & Contemporâneos, v. 7, p. 18-49, 2023.

MEDRADO, A. Nietzsche Contra a Mitologia da Liberdade. Revista Perspectiva Filosófica, v. 49, p. 278-317, 2022.

MENESES, R. D. B. Determinismo e indeterminismo: uma ponte da física à filosofia. Reflexão, Campinas, 30 (88), p. 53-65, jul./dez. 2005.

MOORE, G., *Nietzsche, Biology and Metaphor*. Cambridge: Cambridge University Press, 2002.

MOREIRA, R. N. e CROCA, J. *Diálogos sobre a física quântica: dos paradoxos à não-linearidade*. Lisboa: Esfera do Caos, 2007.

NEHAMAS, A. *Nietzsche – Life as Literature*. Harvard University Press, 1985.

NIETZSCHE, F. *Kritische Studienausgabe*. Ed. Giorgio Colli and Mazzino Montinari. Berlin/New York, Walter de Gruyter, 1967-88.

NIETZSCHE, F. *O Nascimento da Tragédia – ou helenismo e pessimismo*. Tradução, notas e posfácio de J. Guinsburg. São Paulo: Companhia das Letras, 2007.

NIETZSCHE, F. *A filosofia na época trágica dos gregos*. Organização e tradução de Fernando R. de Moraes Barros. São Paulo: Hedra, 2008.

NIETZSCHE, F. *Schopenhauer as Educator*. In *Untimely Meditations*. Traduzido por J.R. Hollingdale. Editado por Daniel Breazeale. New York: Cambridge University Press, 1997.

NIETZSCHE, F. *Segunda Consideração Intempestiva: Da utilidade e desvantagem da história para a vida*. Tradução Marco Antônio Casanova. Rio de Janeiro: Relume Dumará, 2003.

NIETZSCHE, F. *Sobre Verdade e Mentira no Sentido Extramoral*. Tradução de Fernando de Moraes Barros. São Paulo: Hedra, 2007.

NIETZSCHE, F. *Humano, demasiado humano – um livro para espíritos livres*. Tradução, notas e posfácio de Paulo César de Souza. São Paulo: Companhia das Letras, 2005.

NIETZSCHE, F. *Humano, demasiado humano II*. Tradução, notas e posfácio de Paulo César de Souza. São Paulo: Companhia das Letras, 2008.

NIETZSCHE, F. *Aurora*. Tradução, notas e posfácio de Paulo César de Souza. São Paulo: Companhia das Letras, 2004.

NIETZSCHE, F. *A Gaia Ciência*. Tradução, notas e posfácio de Paulo César de Souza. São Paulo: Companhia das Letras, 2001.

NIETZSCHE, F. *Assim falou Zaratustra*. Tradução, notas e posfácio de Paulo César de Souza. São Paulo: Companhia das Letras, 2011.

NIETZSCHE, F. *Além do Bem e do Mal – prelúdio a uma filosofia do futuro*. Tradução, notas e posfácio de Paulo César de Souza. São Paulo: Companhia das Letras, 2005.

NIETZSCHE, F. *Genealogia da Moral – Uma polêmica*. Tradução, notas e posfácio de Paulo César de Souza. São Paulo: Companhia das Letras, 1998.

NIETZSCHE, F. *Crepúsculo dos Ídolos*. Tradução, notas e posfácio de Paulo César de Souza. São Paulo: Companhia das Letras, 2006.

NIETZSCHE, F. *O Anticristo*. Tradução, notas e posfácio de Paulo César de Souza. São Paulo: Companhia das Letras, 2007.

NIETZSCHE, F. *Ecce Homo – Como alguém se torna o que é*. Tradução, notas e posfácio de Paulo César de Souza. São Paulo: Companhia das Letras, 1995.

OWEN, D. "Nietzsche's Freedom: the art of agonic perfectionism". In: ANSELL PEARSON, K. (ed.), *Nietzsche and Political Thought*. pp. 71-82. Bloomsbury Academic, 2013.

PASCHOAL, A. E. Liberdade e natureza em Nietzsche. Revista Philosophica, Valparaíso, vol. 29, pp. 255-264, Semestre I 2006.

PAVÃO, A. A crítica de Kant a Hobbes em *Teoria e Prática*. Philosophica, Lisboa, 31, pp. 91-101, 2008.

PLATÃO. *Protágoras*. In *Diálogos 1*. Tradução, textos complementares e notas Edson Bini. Bauru, SP: Edipro, 2007.

PIAZZESI, C. What We Talk About When We Talk About Emotions – Nietzsche's Critique of Moral Language as the Shaping of a New Ethical Paradigm. In CONSTÂNCIO, J. e BRANCO, M. J. (orgs.), *As The Spider Spins – Essays on Nietzsche's Critique and Use of Language*. Berlin: De Gruyter, 2012.

POELLNER, P. *Nietzsche and Metaphysics*. New York: Oxford University Press, 1995.

PORTER, J. I. *Nietzsche's Philology of the Future*. Stanford: Stanford University Press, 2000.

REGINSTER, B. Ressentimento, poder e valor. Cadernos Nietzsche, Guarulhos/Porto Seguro, v.37, n.1, p. 44- 70, 2016.

RICHARDSON, J. *Nietzsche's System*. New York: Oxford University Press, 1996.

RICHARDSON, J. *Nietzsche's New Darwinism*. New York: Oxford University Press, 2004.

RICHARDSON, J. Nietzsche's Freedom. In GEMES, K., MAY, S. (eds.), *Nietzsche on freedom*. Oxford University Press, 2009.

RUTHERFORD, D. Freedom as a philosophical ideal: Nietzsche and his antecedents. Inquiry,Vol. 54, No. 5, pp. 512–540, October, 2011.

RUTHERFORD, D. Nietzsche as perfeccionist. Inquiry, September, 2017. Publicado online: http://dx.doi.org/10.1080/0020174X.2017.1371835

SANTOS, O. A. R. *Egoísmo e altruísmo nos primeiros diálogos de Nietzsche com a tradição utilitarista*. Tese de doutorado. Belo Horizonte: Repositório de teses da UFMG, 2019.

SCHNEEWIND, J. B. Autonomy, obligation and virtue: An overview of Kant's moral philosophy. In GUYER, P. (ed.), *The Cambridge Companion to Kant*. Cambridge: Cambridge University Press, 1999.

SIEMENS, H. W. Nietzsche's Concept of 'Necessity' and its Relation to 'Laws of Nature'. In [Actas] Conferencia Internacional Nietzsche – el devenir de la vida. Santiago de Chile: Universidad Diego Portales, 2010.

SOLOMON, R. C. Nietzsche's virtues: a personal inquiry. In SCHACHT, R. (ed.) *Nietzsche's postmoralism: essays on Nietzsche's prelude to future philosophy*. pp. 123-148. Cambridge: Cambridge university press, 2001.

SOLOMON, R. C. Nietzsche on Fatalism and "Free Will". The Journal of Nietzsche Studies, Issue 23, pp. 63-87, Spring 2002.

STACK, G. *Nietzsche's Anthropic Circle: Man, Science and Myth*. University of Rochester Press, 2005.

VAN TONGEREN, P. "Nietzsche's Greek Measure". In: Journal of Nietzsche Studies, No. 24, Penn State University Press, pp. 5-24, 2002.

VAN TONGEREN, P. Nossas virtudes: sobre o capítulo 7 de *Para Além de Bem e Mal*. Cadernos Nietzsche, Guarulhos/Porto Seguro, v.37, n.1, p. 219-241, 2016.

VISENTEINER, J. Sobre autoencenação e autogenealogia no *Crepúsculo dos Ídolos*. Estudos Nietzsche, v. 5, n. 2, p. 189-214, Curitiba, jul./dez. 2014

WILLIAMS, B. A psicologia moral minimalista de Nietzsche. Cadernos Nietzsche 29, São Paulo: 2011. Pp. 15-33.

WOTLING, P. What language do drives speak?. In CONSTÂNCIO, J. e BRANCO, M. J. (orgs.), *Nietzsche on Instinct and Language*. Berlin: De Gruyter, 2011.

Lista de Abreviações

HH — *Humano, demasiado humano* (1878)
HH II, AS — *Humano, demasiado humano II* — *O andarilho e sua sombra* (1879)
HH II, OS — *Humano, demasiado humano II* — *Opiniões e sentenças diversas* (1880)
A — *Aurora* (1881)
GC — *A Gaia Ciência* (1882)
ZA — *Assim Falou Zaratustra* (1885)
ABM — *Além de Bem e Mal* (1886)
GM — *Genealogia da Moral* (1887)
EH — *Ecce Homo* (1888 - publicado postumamente)
CI — *Crepúsculo dos Ídolos* (1888 - publicado postumamente)
KSA — *Kritische Studienausgabe* in 15 Bänden

Agradecimentos

Agradeço à CAPES/CNPq e à FAPEMIG pelo apoio em diferentes momentos da minha vida acadêmica, desde a graduação.

Ao Programa de Pós-Graduação em Filosofia da FAFICH/UFMG pelo acolhimento e pelo referencial de excelência.

Aos meus colegas do departamento de Filosofia da Unimontes pela compreensão ao longo dos anos em que tive que dividir meus esforços entre o curso e a escrita da tese.

Ao meu amigo e orientador, Rogério Antônio Lopes, pelos dez anos de parceria, apoio e inspiração. Sem o Rogério este trabalho não existiria.

Ao querido amigo Olímpio Pimenta, que me presenteou com o texto da orelha deste livro, dentre tantas outras dádivas.

Aos muitos amigos, amigas e colegas que fazem parte da minha história como pesquisadora, em especial ao Olímpio Pimenta, William Mattioli, Ildenilson Meireles, Oscar Santos e Wander de Paula, que contribuíram com o este trabalho por ocasião da banca de defesa de doutorado, para além de todos os anos de parceria.

Aos companheiros e companheiras do Grupo Nietzsche da UFMG, por tantos anos de amizade e colaboração intelectual.

A Sálvio Nienkötter e João Lucas Dusi, da editora Kotter, pela paciência e cuidado com esta edição.

Ao Manoel Freitas, que me presenteou com o retrato da autora para esta edição.

À minha família, aos meus amores.

Este livro foi composto com tipografia
Adobe Garamond Pro e impresso em papel
Pólen Bold 90g/m² na primavera de 2023.